自壊する欧米

ガザ危機が問うダブルスタンダード

sanori

Seiko

a pilot of wisdom

10・7が可視化した暴力の世界

内藤正典

2023年10月7日、パレスチナのガザ地区を支配するイスラム主義勢力ハマスとイスラム・ジハード勢力が、イスラエルに対して大規模なロケット攻撃を行なった。

5000発（ハマス主張）にのぼるロケット弾がイスラエルの広い範囲に向けて発射された。それだけではない。ハマスの攻撃は極めて周到に準備され、巧みにコーディネートされていた。パラグライダーで戦闘員がイスラエル領内に侵入、ブルドーザーでイスラエルとの間のフェンスを壊して、ガザの若者たちがイスラエル領に入り、いくつかの町で警察署を一時制圧した。よほど計画を練った上で作戦全体がコーディネートされていないと実行できるものではない。

さらに、イスラエル側の電子監視システムを最初に破壊し、いくつかの境界線を突破してイスラエル側に侵入し、ミュージック・フェスティバルを襲撃、軍の拠点を攻撃している。その様子を上空からドローンで撮影し、それをSNSにアップして公開した。

これは1948年のイスラエル建国以来、パレスチナから見ればイスラエルによる占領が始まって以来、初めての大規模な攻撃となった。

イスラエルはこの攻撃を察知できなかった。国内諜報を行なうシン・ベト、対外諜報を行なうモサド、それにイスラエル国軍のすべては、なぜハマスの作戦を見逃したのかという疑問が残る。これについては10月9日にタイムズ・オブ・イスラエル紙が注目すべき記事を配信した。エジプト情報局長官が10日前にベンヤミン・ネタニヤフ首相に電話して「ガザで想定外の一大事が起きるかもしれない」と伝えたが、ネタニヤフ首相は情報を無視したというのである。

関連する情報としては、イスラエルの諜報機関は、北のレバノンからのヒズボラの攻撃、パレスチナのヨルダン川西岸地区での破壊活動に注目しており、ガザに注目していなかったとも指摘されている。だが、いずれにしても明確なのは、ユダヤ人にとってホロコースト（ユダヤ人の大量虐殺）以来最悪の人的被害を出している点で、この攻撃を許したのはネタニヤフ政権の大失態であるということだ。

かくしてネタニヤフは、ただちにイスラエルが戦争に突入したと宣言し、ハマスに対する作戦名を「鉄の剣」として、その日の夜にガザへの大規模な空爆を開始した。そしてガザに対して国防相が電気、水道、食糧、燃料の供給をすべて停止すると宣言。失態を覆い隠すには、全面的な戦争しかないと判断したのだろう。こうしてガザ市民をも巻き込み人道危機と非難されるまでに至る凄惨な攻撃が今も続いている。

しかし、どれだけ電気やインターネットを遮断しても、ガザの建物を空爆で破壊する様子や、おびただしい犠牲者、中でも子どもの死体の映像は世界に配信されている。そのため、日を追って、イスラエルの反撃に対する国際社会の批判も高まった。イスラエルの報復が長引くほど、イスラエルの攻撃による犠牲者の姿が拡散されていくから、これはネタニヤフ政権にとって国際的な評価を下げる結果をもたらしている。同時に、イスラエル側に50年前の第四次中東戦争以来の甚大な被害をもたらした首相として、ネタニヤフの政治生命はいずれ断たれるだろう。だが、それまでにどれだけの犠牲をもたらすのかについては重大な懸念がある。

本書は、トルコを中心とした中東研究とヨーロッパのムスリム移民研究を専門とする内藤と、アメリカ政治外交研究を専門とする三牧聖子氏による共著である。序章で中東と主にヨーロッパにおけるこの事件のインパクトを内藤が考察し、第1章と第2章の対談で、この欧米のダブルスタンダード（二重基準）の問題を掘り下げ、今後の世界秩序の行方について多角的な分析を加えていく。終章は三牧氏によるイスラエル訴追をする動き、アメリカの動向などについての論考という構成となっている。

三牧氏は、気鋭の国際政治学者である。アメリカは、言うまでもなくイスラエルの最大の支援国であり、イスラエルの自衛権を最大限に認め、ガザ市民の犠牲者を増やした当事者でもある。今のアメリカを考えるにあたって、親米か反米かというような古臭い感覚に囚われたら物事は見えない。実際、トランプ政権からバイデン政権になっても、自由と民主主義の大国だったはずのアメリカがなぜこんなことをするのか、というシーンを目の当たりにすることが著しく増えている。そのあたりのリアリティをアメリカ政治・外交の専門家と語り合う機会を得たのは大変に刺激的で有意義だった。

ガザの現状は２０２３年10月７日から５ヶ月の間に劇的に悪化した。そのため、書き加えるべき内容は日に日に増えていった。２０２４年３月上旬までの状況であることをお断りしておく。

イスラエル建国から始まったナクバ(大災厄)。1948年10月、シオニストによる虐殺と強制移住にさらされ、逃れるパレスチナ人。パレスチナ危機は10・7から始まったわけではない

写真：Bridgeman Images/アフロ

戦争を後押しするホワイト・フェミニズム／
「ハマスのレイプを非難しない人はフェミニストではない」／
「命を奪わない」のがフェミニズムの根幹／「9・11」というマジックワード／
全世界の問題にならなかったガザ問題／「テロとの戦い」というダブルスタンダード／
民間人の犠牲は「付随的」？／
反ジェノサイドが「反ユダヤ」にされる欧米の現状／拡大解釈される付随的被害／
イスラムの戦争法／アメリカとイスラエルの共犯関係／
イスラエル支持を表明した欧州委員長／
安定期に入っていた中東世界で取り残されたガザ／
極右が反ユダヤ主義を批判するフランス／
ドイツは「反ユダヤ主義」を克服できたか／オランダはリベラルによる反イスラム／
歴史的にユダヤ人を抑圧してきた西欧の偽善／キリスト教ヨーロッパの過去／
ヨーロッパのたちの悪さ／克服されていないレイシズム／バイデンとシオニズム／
建国神話を共有するアメリカとイスラエル／
反マイノリティが「ユダヤ人を守れ」という奇妙さ／
「民主化神話」が正当化するジェノサイド／ZARAの広告に描かれたパレスチナ／
「パレスチナに自由を」と言ったグレタさんに起きたこと

第2章　対談　世界秩序の行方

反ユダヤ主義の変奏としての反イスラム主義／民主主義のための殺戮の歴史を直視できない欧米／反転するホロコースト体験／アメリカの空疎なサウジアラビア批判／ウクライナ戦争へのトルコの対応／「そこにいる権利があるパレスチナ人」という大前提／「過去に何があったのか?」という問い直しの重要性／トランプとバイデンはどちらがましか／第三党を望むアメリカ人／欧米が不問に付すイスラエルの核問題／巻き添えを回避するイラン／「核なき世界」の理想を自ら切り下げた日本／欧米崇拝から脱却できない日本／イスラエルと共に世界の少数派になるアメリカ／誰がイスラエルの戦争犯罪を止められるのか?／ロシア・ウクライナをめぐる言説／「ニュートラルな日本」のイメージを生かせるか／「インフルエンサー」フランシスコ教皇／イスラエル・ロビーの影響力／多様化するイスラエル・ロビー／不寛容が広がるアメリカに抗う若者たち／

終章　リベラルが崩壊する時代のモラル・コンパスを求めて

＊第１章および第２章は、２０２３年12月22日の対談に適宜最新情報を補足したものである。

写真：ロイター/アフロ

パレスチナとイスラエル テリトリーの変遷

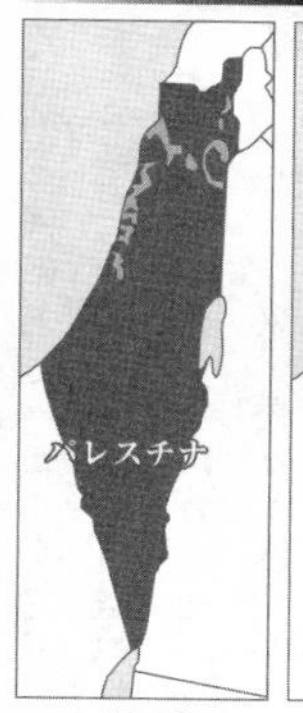

1946
英委任統治時代

1947
国連分割決議

1948-67
イスラエル建国から
第3次中東戦争

2012

写真：ロイター/アフロ

ガザとハマス

10・7の攻撃の直接の原因としてハマス側が主張したのは、エルサレムの聖地アルアクサ・モスクに対するユダヤ人による冒瀆だった。作戦名は「アルアクサの洪水」とされた。

イスラエルは2005年に、それまで占領してきたガザから撤退したが、2006年にパレスチナ立法評議会の選挙でハマスが勝利し、2007年にガザを実効支配するようになったことで、ガザはイスラエルによって封鎖された。以来、人々はガザから出るにはイスラエルの厳しいチェックを受け、電気は1日の半分未満（2024年1月現在、停電が頻繁になり、さらに生活状況は悪化）、半数は失業中という状況が続いた。一度、日本も資金を拠出した国際空港が造られたものの、今回の戦争以前にイスラエルに破壊された。こうして周りをイスラエルに囲まれ、唯一、アラブ側に開いているシナイ半島へのラファ検問所の通行もエジプトによって厳しく制限されていたのだ。

ガザの面積は幅5～8㎞、長さ50㎞たらずの地域。ここに220万を超えるとされる人口がひしめいている。日本の自治体を例に出すと福岡市ぐらいの面積で、人口は福岡市の人口の1・4倍だ。多くは若い人たちであるから、その閉塞感は想像にあまりある。ガザを「開かれた監獄」と呼ぶのはそのためである。

ハマスというのは、「イスラム抵抗運動」を意味するアラビア語の各単語から1文字を取ってつなげたものである。これはイスラム主義勢力で、簡単に言えば、イスラエルとの闘いこそジハードだと確信するパレスチナ人の運動である。欧米諸国はテロ組織と断定し、ハマスがガザを実効支配して以来、イスラエルによる封鎖を容認してきた。ただし、ハマスは民主的な選挙で選ばれた組織であり、もともとはイスラムの倫理に基づいて困った人を助けるという相互扶助組織だったことも忘れてはならない。

ガザの人々が最初から「イスラム過激派」としてのハマスを支持していたわけではない。少し歴史を振り返ると、1973年の第四次中東戦争、つまり50年前を最後に、国としてのアラブ諸国は、パレスチナと共闘しイスラエルと戦うことはなかった。そして、PLO（パレスチナ解放機構）は周囲のアラブ諸国から邪魔者扱いされるようになっていった。イスラエルとパレスチナ二国家の共存を企図した1993年のオスロ合意におけるイスラエルのラビン首相（当時）と並ぶ立役者だったPLO議長ヤセル・アラファトも亡くなり、現在のマフムード・アッバースのパレスチナ自治政府になる過程で二国家共存の実態は失われていった。イスラエルの存在を認める方向性を示せば国際社会からの援助を得られるということになり堕落していったのだ。

こうして宗教色のないPLO（ファタハ）が、いつまで経ってても何の成果もあげられず、ヨルダン川西岸地区で権力の座について汚職と腐敗の中に沈んでいくことへの不満が爆発して、イスラム主義のハマスに引き寄せられたのである。この感覚は、アメリカとＮＡＴＯ同盟国が莫大なカネをつぎ込んで政府を腐敗堕落させた結果、タリバンへの支持が集まったアフガニスタンと似ている。

何がテロか？　誰がテロリストか？

イスラエルの圧倒的な力による反撃は、ガザ全体を蹂躙するに至っている。惨状は言葉で尽くすことはできない。国連のグテーレス事務総長が訴えたように、ハマスの犯罪を許すことはできないが、イスラエルが自衛権の範囲をはるかに超えてガザ市民を集団的に罰することもできないのである。

後の対談でも詳しく議論するが、戦時における文民の扱いは、ジュネーヴ条約に規定され、文民に対する攻撃や強制移住などは「集団的懲罰」として禁じられる。そして、文民に対する組織的な虐殺（ジェノサイド）はジェノサイド条約によって禁じられる。

ここではっきり言っておくが、ハマスがイスラエル市民らを殺戮し、誘拐したことは明らかなテロである。

何の悪意もなく、家族と共に時間を過ごしていた人が、突然、命を奪われ、愛する人を奪われることは、テロの原義である恐怖そのものであって、一切の正当性はなく、もっとも凶悪な犯罪だと私は確信している。それは、個人によるものでも、組織によるものでも、国家によるものでも同じである。犠牲者から見れば、ハマスは明らかにテロ組織である。もちろん、同じことはガザ市民を無差別に虐殺したイスラエル側にも言えることであって、その意味で、イスラエルはテロ国家である。イランはハマスを支援するテロ支援国だが、同じようにアメリカもイスラエルを支援するテロ支援国といえる。

かつてアフガニスタンでの20年に及ぶ占領統治で住民に恐怖を与え、命を奪ったのはアメリカをはじめＮＡＴＯ同盟国を中心とする軍事組織であった。２００１年の9・11（アメリカ同時多発テロ事件）への報復をアメリカが試みたのはアルカイダであってタリバンではない。だが、アルカイダ殲滅(せんめつ)作戦と同時に、アメリカ軍もＮＡＴＯ同盟国もタリバンと戦った。トルコは軍を派遣したが、偵察任務だけで戦闘には参加しなかった。

タリバンにとって、アメリカもＮＡＴＯ同盟国も侵略者であり占領軍だった。そこで民間人に多数の犠牲者が出た。タリバンとは無関係の住民から見れば、アメリカがテロ国家であり、戦闘に従事した国も同様だった。

非戦闘員の中でも、子どもや赤ちゃんとその母親を殺害する行為は、テロ以外のなにものでもない。成人については、戦闘員になりうるという理屈もあるだろう。しかし、子どもへの傷害や殺人には、一切、汲むべき事情などありえない。しかも、国家がテロ行為の主体である場合は、戦闘任務とされるから殺害しても法の裁きを受けることはほとんどない。

ガザ、シリア、イエメン、イラク、リビア、アフガニスタン、この20年の間に戦場となった多くの地域はイスラム社会である。イスラムでは法的に、成人男性は戦闘員とみなされるが、女性と子どもは絶対的に保護の対象となり、殺害は許されない。

パレスチナ問題での暴力の応酬と「テロ」

ガザだけでなく、パレスチナでは、１９４８年のイスラエルの建国後、75年にわたって暴力が続いてきた。イスラエル建国当時のパレスチナ人にとって、それはとてつもなく大きな災厄だった。大きな災いのことをアラビア語で「ナクバ」と言うが、イスラエル建国の時の第一次中東戦争もナクバと呼ばれた。そして、１９６７年の第三次中東戦争、１９７３年の第四次中東戦争までは、戦いだけを抜き出せば、周辺のアラブ諸国も参加しているので、テロではなく「戦争」と呼ばれた。その戦う主体は、イスラムを掲げていない、ＰＬＯ（パレスチナ解放機構）であったり、もっとラディカルな組織としてはＰＦＬＰ（パレスチナ解放人民戦線）といった左派で、反植民地主義の文脈の中で戦っていた。

この間にも多くの殺し合いがあったが、当時は「テロ」と呼ばれなかった。１９７２年、イスラエルのロッド空港で日本赤軍のメンバーが起こした銃の乱射事件などはテロの典型だった。同じ年に起きたミュンヘン・オリンピックでのイスラエル選手団襲撃もまた、典型的なテロ事件だった。これらの事件を起こした組織はイスラムとは関係ない極左組織である。だが当時は、犯人が「テロリスト」かどうかという点に注目は集まらなかった。

さて、「テロ」という言葉が頻繁に使われるようになったのは、２００１年の９・11以降の顕著な傾向である。当時のブッシュ大統領が「テロとの戦い（War on Terrorism）」を宣言して以来、多くのメディアや個人が「テロ」という用語を使うようになった。

起きた事件がテロか、起こした人間がテロリストか、所属する組織はテロ組織か、ということになると、そこでは被害を受けた「国家」による規定が決定的な意味を持つ。極端な言い方をすれば、被害を受けた国が、ある組織を「テロ組織」と認定すれば、その国では完全な非合法組織となり、メンバーであることだけで処罰の対象となるし、組織のプロパガンダを行なえば言論の自由を奪われる。

だが組織に対する「テロ組織」の認定は普遍的なものではなく、国家によって異なる。アルカイダやイスラム国（ＩＳ：Islamic State）は、ほとんどすべての国がテロ組織としたが、ハマスになると、テロ組織に指定していない国もある。

パレスチナ、それもガザの封鎖状況を知る人から見れば、ハマスは抵抗運動の組織であって、テロ組織とは見ない。ガザ市民も、以前は、ハマスを嫌ってはいても（実際そういう人はかなりいた）、イスラムのジハードとしてのイスラエルに対する抵抗運動そのものを否定していたわけではない。ジハードというと「聖戦」と訳されて、狂信者の暴力と思われがちだが、ガザの場合は違う。イスラム教徒の共同体が、子どもや母親までが殺戮されるという存続の危機にある時に、敵と決死の戦いに臨むことを意味する。

ハマスがガザで実権を掌握したのは２００６年のパレスチナ立法評議会（議会）で勝利し、PLO最大の会派であったファタハをガザから追い出した２００７年だった。アメリカやEUは、それ以前からテロ組織に指定していたが、それはイスラエルの殲滅という過激な綱領を掲げて武装闘争を行なっていたからである。実際、彼らによる自爆テロは何度も起きていた。そして、時代は９・11を経験した後であったから、ハマスをテロ組織として一切の関係を断つことに欧米諸国は躊躇（ちゅうちょ）しなかった。

パレスチナ問題とトルコ

だが、欧米諸国とは異なる見方を示した国があった。トルコ共和国である。選挙という民主的な方法で選ばれた以上、テロ組織に指定して関係を断ってしまうよりも、政権担当の責任を負う以上、暴力路線の変更に向けた政治プロセスに導くことが必要だと考えたのである。ハマスといえども、最初は草の根型のイスラム復興をめざす組織で、弱者救済の社会活動にも熱心に取り組む組織だった。こういうイスラム組織というのは、強烈に弾圧すれば必ず地下に潜伏して過激化する。それは、１９９０年代前半のアルジェリアを見れば明らかである。

トルコのエルドアン政権は、ガザの惨状をよく理解していた。アラブ諸国とは異なり、トルコはイスラエル建国の翌年１９４９年には外交関係を結んでいる。アラブ諸国とイスラエルが何度も戦争を繰り返した間、トルコとイスラエルの関係はムスリム諸国の中ではもっとも安定していたのである。イスラエル空軍は、トルコ軍と共同で演習をしてきたくらいである。この良好な関係は１９９０年代まで続いた。当時は、基本的に欧米志向の世俗主義政党が与党の座にあった。だが、それよりも重要だったのは、政治における国軍の地位が今よりも圧倒的に強かったことである。つまり、トルコ国民の想いとは別の次元で、軍同士は緊密な関係にあった。

パレスチナの状況がトルコの政治に影響を与えた最初の事件が、１９９７年1月31日のシンジャン事件であった。アンカラ近郊のシンジャンという町で、その日「エルサレムの夜」という催しが行なわれ、イスラエルと戦って死ぬ若者を殉教者として描く劇が上演された。

それだけなら大きな問題にはならなかったのだが、当時のイスラム政党である福祉党の市長が、駐トルコのイラン大使を招いていたのである。

これが大問題となった。政府や党中央に相談せず、勝手にイラン大使を招いた上に、内容はイスラムの名のもとにジハードを敢行する若者の話だったからである。当時すでに、福祉党政権と軍部は激しく対立しており、そのひと月後には、国家安全保障会議の場で、軍幹部が当時のエルバカン首相を退陣に追い込んだ。このシンジャン事件の翌日、軍は戦車をこの町に出して威嚇（いかく）した。一歩間違えると、イスラム勢力による反イスラエル・親パレスチナの動きが、クーデタの引き金になりかねなかったのである。

1997年には、すでにハマスは存在していたが、ガザはまだ今のように封鎖されていなかった。イスラエル軍が中に入ってハマスの戦闘員と戦っていた。この年は、アメリカがハマスをテロ組織に指定した年でもあった。

2003年に公正・発展党（AKP）のエルドアン政権が誕生すると、政府と軍の関係に変化が生じた。それは、エルドアンと政権中枢のイスラム主義に対して、世俗主義の守護者としての軍部が反発したためである。政権は、パレスチナ問題に関してハマスに否定的な態度を取らなかった。

2008年の末から2009年の年初にかけて、ハマスのロケット攻撃にイスラエル軍が大規模な反撃を行ない、この時には戦車を含む地上部隊がガザに侵攻した。パレスチナ側に1400人以上の犠牲者が出たとされる。

そして、2009年1月のダボス会議で、エルドアン首相はイスラエルを痛烈に批判した。

「あなた方は人殺しの仕方をよくご存じだ。浜辺で遊んでいた子どもたちをどうやって狙い撃ちにしたのか、我々は知っている」

ガザ問題のパネルで、隣にいたイスラエルのシモン・ペレス大統領（当時）に向かってエルドアンはこう言ったのである。ハマスを称賛したわけではないが、イスラエルの反撃を「子ども殺し」として糾弾したのだ。

続いて、2010年のガザ支援船、マーヴィー・マルマラ号事件である。そもそもこの計画は、封鎖されているガザに海上から支援物資を送り届けることで封鎖を突破しようとする試みだった。当時、トルコ外務省はこの試みがイスラエルに対する危険な挑発で、攻撃を受けるリスクがあることを察知していた。そして実際、イスラエル海軍は公海上でこの船を襲撃し、特殊部隊が空から降下して銃撃し、10人のトルコ人NGO活動家が犠牲となった。

この支援を計画したのはİHH（人道支援財団）というNGOだが、エルドアン政権と近いイスラム系の組織である。このイスラム系NGOは、地震や台風のような災害での緊急援助、アフリカなどでの救貧活動、そしてガザを含めて内戦や紛争地域での支援活動で知られている。İHHは現在でもガザで救援活動をしているから、惨状は必ずトルコ政府側に伝わる。この組織はNGOではあるのだが、援助活動を通じて情報収集にあたっていることも否定できない。

マーヴィー・マルマラ号事件以来、トルコとイスラエルの外交関係は極度に悪化した。国交断絶には至らなかったが、大使の呼び戻しが2度あり、２０２３年に改めて大使を交換することになったが、今回のガザ戦争で、再び、両国の関係は悪化している。

エルドアン政権にとってパレスチナ問題とは何か？

イスラム主義を根底に持つエルドアンと公正・発展党にとって、パレスチナ問題とは、抑圧され、さまざまな権利を奪われたムスリムの抵抗運動であり、解放運動であった。イスラムでは、信徒共同体が存続の危機に立たされた場合、成人男子はジハードの戦士として戦うことが義務となる。

トルコは軍事支援をしていないが、パレスチナ人が自らムジャーヒディーン（ジハードの戦士）として戦うことに、国民の多くはイスラム的な共感を覚えている。こうなると、国家の長であるエルドアン大統領は率先してトルコ人の想いを世界に示さなければならない。彼以前の世俗的なリーダーたちは、内心で共感しても、アメリカやヨーロッパの意向を忖度(そんたく)して、そこまで踏み切れなかった。エルドアンは、過去のリーダーと比べると、明らかに、一線を越えて、ムスリムの兄弟たちへの共感と支援のメッセージを打ち出すようになった。

２０２３年10月28日、パレスチナ支持の大規模な集会が、イスタンブールで開かれた。市民集会の体をとってはいるが、実質的に政府の主催であり、エルドアン大統領もスピーチをした。

メッセージは明確で、イスラエルがやっているのは戦争ではなく虐殺であり、欧米諸国が停戦に及び腰なことを激しく非難した。さらに、党の議員総会での発言と同じく、ハマスはパレスチナ解放運動の主体であってテロ組織ではないと言明した。

そして、2023年12月27日、学術団体との会合で、エルドアンはついにベンヤミン・ネタニヤフをヒトラーにたとえたが、ヒトラーとの違いはアメリカなどの西側諸国が支援していることだと言い切った。

一連の発言によって、トルコとイスラエルの外交関係は断絶寸前となりつつある。トルコとしては、ガザを停戦に持っていくことと、人質交換の際に、ハマス側（パレスチナ側）の保障国になる用意があると言っている。実際、対立する両者の間で人質を交換する際には、まず、双方の「保護者」のような国が交渉し、条件が整えば国連を間に立てて人質交換に持ち込むことになる。トルコとイスラエルとの外交関係が切れてしまうと、この仲介はかなり困難となる。ネタニヤフ首相は、国連にもグテーレス事務総長にも激しい敵意を浴びせているから、国連が仲介の役割を果たすことは期待できない。

現状、ハマス側に立って、イスラエルとその保護者であるアメリカと交渉できる国があるとすれば、トルコとカタール、エジプトだろう。イスラエルはカタールの衛星テレビ局アルジャジーラの報道に激しい不満をぶつけているし、カタールとは現在外交関係がない。2009年まではイスラエルとカタールは非公式に外交関係を持っていたが、２００８〜２００９年のガザへの攻撃で国交を断絶したのである。

ただ、カタールはアメリカとは良好な関係を維持しており、これまでの人質解放や交換でもカタールの仲介が実を結んでいるところから、停戦に進むことができれば、カタールとエジプト、それにトルコが協力してパレスチナ側の主張を代弁することになるだろう。

話をトルコに戻すと、エルドアン大統領が欧米、特にヨーロッパの態度をダブルスタンダードとして厳しく批判している点が注目される。この問題については第1章からの対談でも詳しく分析するが、ダブルスタンダードというのは、これまで欧米は人権の価値を声高に主張してきたのに、ガザ市民、特に子どもや女性にも多大な犠牲を強いるイスラエルには沈黙するとはどういうことなのかという意味である。

ヨーロッパ社会の分裂

ヨーロッパ各国の姿勢は、トルコと対照的で、イギリス、フランス、ドイツ、イタリアなどは反撃をイスラエルによる自衛権の行使として容認している。しかし、いずれも国内にはパレスチナとの連帯と即時停戦を訴える市民の動きが活発化している。

ドイツをはじめ、ヨーロッパ各国は「反ユダヤ主義」のレッテルを貼られたくないことと、

「テロとの戦い」の文脈に沿ってイスラエル政府支援を打ち出したが、いずれも国内には多くのムスリム移民がいる。フランスにも、ドイツにも400〜500万人ぐらいのムスリムがいると言われる。今回の問題でパレスチナ側にシンパシーを抱くのは、アラブ人に限らない。ムスリムのほとんどはパレスチナ市民の惨状に同情している。

現在のところ、パレスチナ支持派の市民（移民を含む）は、イスラムとは直接関係のないパレスチナ旗を振っているが、心情的には、イスラム的な倫理観からパレスチナ人に同情している。イスラム的倫理観とは、イスラムの法に基づいて、弱者である女性や子どもに対する迫害を許さないという想いである。この感情は、イスラム圏の報道に接していないとわからないが、日々、非常に強くなっている。すでに危険なレベルにあると私は見ている。ムスリムの怒りについては、2009年に集英社新書で『イスラムの怒り』という本を出したが、そこでも触れたとおり、子どもや赤ちゃんを殺した時に激烈なレベルに達する。激怒した人間の何人に一人がジハードの戦士として、敵と戦うことになるのか。その割合は、この紛争勃発以来、飛躍的に上昇したはずである。その結果、ヨーロッパ諸国でテロ事件が起きる可能性も高まる。この点は後で詳述する。

ヨーロッパの指導者たちがハマスの非道を非難し、イスラエル国民に哀悼の意を表すことには問題はない。しかし、イスラエル国家の自衛権の行使とされるガザへの攻撃を正当化するなら、彼らはジハードの攻撃対象になる。EUに必要なことは、ただちに、ガザの女性や子どもたちの安全確保と人道支援を実現することである。それには恒久的な停戦が前提であり、イスラエルによる人権侵害を止めることが必要である。

だが、EU諸国は、動こうとしない。EUのフォンデアライエン委員長は、2023年10月19日にはワシントンで、同月22日にはベルリンでのCDU（キリスト教民主同盟）青年部でのスピーチでイスラエルの自衛権を完全に支持した一方、ガザとパレスチナの地位には触れなかった。パレスチナ問題に関するEUの立場は、イスラエルとパレスチナの二国家共存である。22日のスピーチでは、ロシアと戦うウクライナの立場をハマスと戦うイスラエルにたとえた。

EUのミシェル大統領やボレル外交上級代表を差し置いて、一方的な支持を打ち出したことで、突出した個人的な意見を述べたのは異様だった。イスラエルへの一方的な支持を打ち出したことで、EUの事務方からも強い批判を浴びて、800人近くのスタッフが彼女を批判する書簡を出す事態となった。

ガザから世界に暴力の連鎖を広げてはならない

2023年12月2日、パリで観光客を刺殺するテロ事件が起きた。殺害されたのはドイツの観光客で、他に二人が刺された。容疑者はイスラム過激組織「イスラム国」に忠誠を誓っていたとされるフランス国籍の男で、AFP通信は精神的に問題を抱えていたと報じた。

翌日、今度はフィリピンのミンダナオのマラウィ市にあるミンダナオ州立大学で、カトリックのミサが爆弾テロに見舞われ、4人が死亡、40人以上が負傷するという大惨事が起きた。フィリピン南部のこの地域はムスリムの多い地域で、過去には、イスラム組織とフィリピン政府軍との間で長いこと戦闘が続いた。最近では、「イスラム国」系の組織と政府軍が2017年に激しく衝突している。今後も散発的に同様の事件が起きるだろう。

今回のガザ攻撃の原因を作ったのはハマスである。イスラエルを攻撃し、一般市民へのテロ攻撃を行なったために、イスラエルは圧倒的な力で報復し、ハマスというよりもガザを壊滅させようとしている。だが、世界のムスリムはガザの惨状に激高した。子ども、赤ちゃん、女性の犠牲者が激増し、それが映像で世界に流れたことにより、怒りは全世界のムスリムに共有された。

そしてこの怒りが、ムスリム共同体が存続の危機にあるという認識に転換されると、イスラムの敵との戦い、すなわちジハードに乗り出すことが求められる。

ジハードの定めはコーラン（クルアーン）にあるから、神（アッラー）の命令である。ただし、ジハードというのは、本来信仰を正しくするための努力が原義であるから、なにも敵に爆弾を投げたり、銃を撃ったりすることだけがジハードではない。以前なら、アルカイダの犯行だとか、イスラム国の犯行だとか、暴力は特定の組織と結びつけられるのが常であった。

だが、これからはそれが通用しなくなる。

組織が先にあって、何かをしようというのではなく、ガザという、世界中のムスリムにとって途方もない惨事が目の前にあるので、今や20億人もいるムスリムの99・9%は行動に出ないとしても、0・1%の誰かが、どこで、ジハードの戦士となって暴力に訴えるか、およそ見当もつかない。0・1%だとしてもざっと200万人に達する。ハマスは、単に「イスラム抵抗運動」の意味だから、少しその思想を学べば、あちこちから「イスラム抵抗運動」を名乗る組織や個人が現れても、なんの不思議もない。現在そういう人間がイスラエルに入れる可能性はまずないから、敵と戦うと言っても、イスラエルを支持する国に対するテロ攻撃の形をとるだろう。パリやフィリピンでのように、あちこちで散発的にテロが繰り返される可能性が高い。

一方、ヨーロッパで起きている事件に注目すべき変化が見られる。2024年1月、オランダで反イスラム運動の活動家がコーランを焼くデモンストレーションをしようとした。この種の焼却や破棄はすでにスウェーデンやデンマークでも起きていて、イスラム教徒との間に深刻な断絶を生んできた。表現の自由を理由に、ヨーロッパではイスラムの聖典に対する冒瀆は罪にならないことが多い。むしろ、ムスリムの抗議から活動家を守るために警察が出動するのが常である。ところが、1月のアムステルダムでのデモンストレーションでは、激怒したイスラム教徒の若者が警察のバリケードを破って活動家に襲いかかった。すぐに警官に引き離されたが、私が恐れるのは、この種の暴力的応答が日常化することである。

特に、ガザ問題で人権や自由に関する欧米のダブルスタンダードが、あからさまに示されているから、イスラム教徒の側も、欧米社会の諸価値に対して、あからさまに拒否する行動に出るだろう。イスラム教徒が何を命に代えても守ろうとするのか？　極端なことを言えば、それは子どもや女性の命と神の言葉を記した聖典コーランなのである。欧米諸国の人間が理解しようがしまいが、これは変わらない。

イスラム圏諸国は早く手を打つ必要がある

暴力を拡散させないためには、イスラム世界の国が一刻も早く何らかの手を打って、イスラエルの攻撃を抑止しなければならない。昔なら、アラブの連帯と言われて、こういう危機の際に乗り出すのは同じ民族のアラブ諸国だった。だが、アラブ諸国がパレスチナのために戦争したのも、イスラエルの同盟国を懲らしめるために石油戦略を発動したのも、50年前が最後である。民族主義による連帯の時代は終わった。

今、イスラエルとその同盟国に対して何らかの措置を講じるべきは、イスラム圏の諸国である。もちろん、アラブ諸国もイスラム圏に含まれるのだが、パレスチナのために動く気があるなら、半世紀も事態を放置しなかっただろう。

他のイスラム諸国も似たようなものだったのだが、状況は変わってきた。2000年代以降、トルコで民主的なプロセスの中で再イスラム化が進んできたのと同じように、アジアでも、マレーシアやインドネシアのように、民主主義の枠の中でイスラムの価値を重視する国が少しずつ増えていった。

ガザの衝突が始まって以来、トルコのエルドアン大統領は舌鋒鋭くイスラエルのネタニヤフ首相を攻撃している。ムスリム世界でもっとも明確にガザの惨状を人道危機と主張し、打開のために、負傷者や重傷者をエジプト経由でトルコに連れてきて治療を受けさせている。

2024年の1月、オランダのハーグにある国際司法裁判所では、イスラエルによるジェノサイドが審理された。提訴したのは南アフリカである。この提訴については本書の対談と三牧氏による終章で詳しく取り上げている。トルコ、マレーシア、インドネシアなどはいずれも、南アフリカの提訴を支持した。イスラエルの側に立った国で目立ったのはドイツだった。

イスラム圏諸国は動かないわけにはいかない。国内のムスリムが、「口先だけで何もしないじゃないか」という批判を自国の政府に向けるからである。

テロ以上に危険なのは道理の破綻だ

もちろん、イスラム教徒からの攻撃のリスクがもっとも高いのはヨーロッパとアメリカである。パレスチナ支援のデモさえ認めないというから、ムスリムから見ると「イスラムの敵」として立ち現れたことになる。

常日頃、言論の自由、表現の自由をうたい、人権を説いてきた欧米諸国のダブルスタンダードは世界に深刻な影響をもたらす。イスラエル国家の非道を批判することと反ユダヤ主義の区別もできない状況は極めて危険だ。

２０２３年12月４日に報じられたのだが、パレスチナでの犠牲者が多いことを問われて、米上院、共和党のリンゼー・グラム議員はＣＮＮのインタビュー番組の中でこう述べた。

「パールハーバーの後、米軍の攻撃で東京が壊滅しようと、東京で何人死のうと、誰が気にしたというのだ?」

彼は同じことをベルリンの破壊と死者についても言っている。実に不愉快だが、戦争を止めようとしない欧米諸国の本音が垣間(かいま)見える発言である。

アメリカは第二次世界大戦後、朝鮮戦争、ベトナム戦争、湾岸戦争、アフガニスタン侵攻、イラク戦争といくつも戦争をしてきた。どれをとっても、ベルリンと東京を灰燼(かいじん)に帰して得たほどのものは得ていない。そして、湾岸戦争以降は、身内の兵士と「敵側」民間人の犠牲者の数を気にするようになった。

だが、今回、イスラエルは建国以来、初めて大規模に「本土」が襲われ、多大の被害を受けた。そのため、総力で敵をねじ伏せ、そのためにパレスチナ人が何人死のうと知ったことではないという姿勢である。これは、アメリカにとっての「パールハーバー」か「9・11」なのであって、だからこそ、グラムの発言に至るのである。

ダブルスタンダードがリスクを拡大する

だが、ドイツやフランスは、少しずつスタンスを変えてきている。相変わらず、イスラエルの自衛権は擁護するものの、桁外れの犠牲者がパレスチナ市民（ガザのみならずヨルダン川西岸でも）に出ていることは容認できないという姿勢も見せている。これは、アメリカのブリンケン国務長官の発言にも表れていて、ガザ北部での惨状をガザ南部で見たくないという趣旨の発言をしている。

どこかでイスラエルは軌道修正するだろうか？

そうあってほしいのだが、あそこまで繰り返し、人質全員の解放とハマスの殲滅をセットで言い続けたネタニヤフは、もう後には引けない。しかし、ネタニヤフはガザの住民のみならずパレスチナの住民全員を敵にしているから「目標」は達成できない。

それにもかかわらず、欧米諸国がイスラエルに断固とした姿勢を取らないもう一つの理由は、ガザからは難民が流出しないからである。閉じ込められていて、流出できないし、本人たちも、もはやガザを離れるつもりはない。

ここがシリアやリビアの内戦と大きな違いである。大規模に難民が流出すると、欧米諸国の政権は難民の到来によって治安が悪化し、野党から批判されるのを恐れる。だから、嫌々でも何らかの対応を迫られる。ガザに関しては難民流出の心配をする必要がないのである。

反面、欧米諸国はテロのリスクを甘く見ている。イラク戦争やアフガニスタン侵攻では、イスラム世界での戦争に加担し、多くの市民を犠牲にした。ヨーロッパ諸国では、ムスリムに対する差別と蔑視は、レイシズムにあたるとはみなされず、容認されてきた。

ここで一つ書いておかなければならないのは、ムスリムの側もヨーロッパに移民してから1970年代までは、宗教色は薄く、世俗的な生活をしていたことである。その後、1980年代以降になって、イスラム世界のイスラム復興の流れと軌を一にして、ヨーロッパでもムスリムとしての再覚醒が始まる。再覚醒＝reawakeningという言葉を使ったのは、もともとムスリムではあった彼らが、確信して信仰を捨てて無神論者にならない限り、何かのきっかけで再度敬虔なムスリムに戻ることは珍しくないからだ。

この傾向は、ムスリム移民がいるすべてのヨーロッパ諸国に共通する。ヨーロッパ社会での差別、パレスチナでの惨状も、再覚醒の十分な動機となるのである。そのことを私は1990年代のヨーロッパ各国での調査から明らかにして、『アッラーのヨーロッパ―移民のイスラム復興』（東京大学出版会、１９９６年）に書いた。

つまり、１９９０年代以来、もはや全体では２５００万人を超えるヨーロッパ諸国のムスリムは、現在、再覚醒による先鋭化、ジハードに乗り出す契機を十分に得ているのである。

私は、もちろん人道的な観点からイスラエルによるガザでの虐殺を容認しないが、それとは別に、この虐殺が多くのムスリムにジハードの戦士となるきっかけを与えていることの危険性を指摘したい。

ジハードの原義は、信仰を正すための努力だが、パレスチナでここまでムスリム同胞が存続の危機に瀕（ひん）している場合、その敵（イスラエルだけでなく、イスラエルの自衛権を支持している国々）と戦うことも含まれる。その結果、暴走したジハードの戦士が、欧米諸国が言うイスラム主義のテロリストとなることも考えられよう。

つまり、もとよりあってはならないことだし、一切、テロに走ることを肯定しないが、それが起きうることも「知らなかった」とは言えないのである。２０１５年1月のパリでのシャルリー・エブド襲撃事件、11月の同時多発テロ、２０１６年3月ブリュッセルでのテロ、12月のベルリンでのテロ……。

なぜそこで、なぜその時に起きたのかを合理的に説明することなどできない。しかし、各国の治安当局、諜報当局が、何も予想していなかったというのは、言い古されたたとえだが、左手がやっていることを右手は知らなかったと主張するようなものである。

今回の人道に対するあからさまなダブルスタンダードによって、このリスクは各段に上がったと言わざるをえない。そして、欧米諸国に暮らすムスリムは、今後、イスラムに従って生きる自由を公然と求めるだろう。人権、自由、民主主義のすべてにわたって欺瞞に満ちたダブルスタンダードを使い続けた欧米諸国に対して、その価値観に追従する必要はないと多くのムスリムが得心したからである。

2023年10月18日、テルアビブで、イスラエルのネタニヤフ首相（右）と会談するジョー・バイデン米大統領　写真：ロイター/アフロ

2024年3月9日、アメリカの軍事支援を背景にしたイスラエル軍の猛攻で廃墟となったガザ地区にアメリカ軍機から投下される支援物資

写真：AP/アフロ

イスラエルはパレスチナに勝てるのか？

内藤　今イスラエルは、ガザに対して病院だろうと、ＵＮＲＷＡ（国連パレスチナ難民救済事業機関）の学校だろうと、ジャーナリストだろうと、子どもたちだろうと無差別な攻撃を続けています。つまり「病院だから攻撃しないだろう、民間人だから殺さないだろう、殺してはいけない」といった国際人道法にも根拠を持つこれらの道理は、完全に否定されてしまったようです。

イスラエルがガザのシファ病院を攻撃した件は、大きな批判にさらされました。イスラエルは、「病院の地下にハマスの拠点がある」と言って批判をはねつけたわけです。実際には報道されたとおりそんなものはなかったのですが、当時「あるのだから病院ごと吹き飛ばしてかまわない」と強弁していました。

また、ＵＮＲＷＡの学校も同様ですけど、学校にはガザの多くの市民が避難しています。しかしイスラエルは、その中にハマスがいると言ってこれも攻撃した。そのようなことを際限なく拡大していったら、結局、ガザ全部を吹き飛ばしてもかまわないということになってしまいます。イスラエルの攻撃は、文民であるか、戦闘員であるかを区別しているように見せて、実は完全に絶滅させてしまうものです。それはジェノサイドですし、エスニック・クレンジング

（民族浄化）にあたるようなことを、最初から意図した上で理屈をつけているように見えます。

ですから、最初のうちは、ジャーナリズムも含めて、「病院が攻撃されてこれだけの犠牲が出た」とか、「ＵＮＲＷＡの学校が攻撃されてこれだけの犠牲が出た」という報道の中で批判をしてきた。あるいは、「『ガザの北部から避難しろ、南部へ向かえ』との通告があったから、南へ行ったらその最中に攻撃された、さらに南部で攻撃が始まった」というように。でも実際には、北部の戦闘も終わっていなかったんですよね。２０２３年12月現在も、北で戦闘を継続している。

ガザの人とやり取りをしていると、これはもう完全にジェノサイドであって、他に何にも表現する言葉がない。このような状況にもかかわらず、三牧先生はよくご存じだと思いますが、アメリカをはじめ、欧米諸国の大多数がイスラエルの攻撃を是認してしまっている。スペインやアイルランドなど少数の例外を除いて。

ようやく今になって、「民間人への犠牲を最小にするような攻撃をしてほしい」ということは言っていますけれども、止めろとは言わない。停戦させようとして国連の安全保障理事会で協議したときも、シーズファイア（ceasefire：停戦）とは言わないわけですよね。「シーズファイアはダメだ」と。意味がわからないですよね、あの理屈は。ヒューマニタリアン・ポーズ（humanitarian pause：人道的一時停戦）ならいいと。「pause」なら良くて、「ceasefire」はなぜダメなのか、世界に向かってちゃんと説明できるのか。そのような馬鹿げた理屈の中で、「いや、シーズファイアと言ったらハマスを利することになる」と言うわけです。そんなまったく論理として成り立たないことが主張されて、殺戮が進行中というのが現状です。

もう一点お話しさせていただくと、ではガザ側は、この状況をどう見ているのか。

当初、戦争が始まる前の段階では、ガザ市民は必ずしもハマスを支持していなかった。しかし、戦争が始まって日が経つにつれて、ガザの人は、これ以上失うものがないところまで追いつめられてしまいました。序章でも言及したとおり、この状況下で、イスラエルに対して何らかの妥協をする、あるいは、ハマスに降伏してほしいとかいうことは、まったく考えてないだろうと思うのです。今、降伏しても、何も得られないわけですから。

10月7日、攻撃の当初の段階では、「ハマス」という単語がガサの人が発信する文章の中でも主に使われていたんですけど、その後、変わってきました。現在は「ハマス」と呼ばず総称で「パレスティニアン・ファイター(パレスチナの戦士)」、あるいは、「レジスタンス・ファイター(抵抗の戦士)」と表現するようになった。

もちろん、戦士の中にはいろんなグループがあり、ハマスもその中の一つなのですが、身を挺(てい)してイスラエルと戦っているハマスを支持しないとか、批判するとかいうことは、現状ではありえないということです。こういう意見は、私がコンタクトしている範囲の人ですから、総意だとは言いませんけれども、多分、今の状況からすると、ガザ市民が妥協して、ハマスから離れる、あるいは、戦後はハマス抜きの統治というものを考えるなどという欧米の思惑は、まったく通用しない。

10・7以前は、ガザ市民の中にも、ハマスのイデオロギーを嫌っている人はいました。しかし、本人がハマスでなくても家族の中にハマスのメンバーがいることは珍しくない。親族の中に、近所の人の中にいるわけです。その人たちが戦っている現状で、今さら彼らを裏切って、たとえば「PA（パレスチナ暫定自治政府）が表に出るべきだ」とか、「ハマスのような暴力的な路線は捨てるべきだ」とか、ガザの人が思うかといえば、それはありえないですね。そうなると、イスラエル側はますますエキサイトしていきますから、さらに攻撃を強めることになる。

結論を言うと、イスラエルは勝てません。ガザの全人口、約220万人の市民を、本当に虐殺する気なら話は別ですけれども、そんなことはできるわけがないですし、市民、特に子どもや女性を犠牲にすればするほど、ガザの一般市民の男性はすべてがジハードの戦士となってしまう。人口の半分が男性として、イスラエルは100万人以上も殺さないと勝てない。それは不可能です。ですから、イスラエルはどこかで、ハマス、過激派抜きのガザができるなら停戦してやろうと言い出すでしょう。しかし、無駄なことです。2023年末のハマス戦闘員を皆殺しにしても、2024年には新しい戦士（それがハマスであろうとなかろうと）が誕生するだけです。

繰り返される、開戦と攻撃のための虚偽

三牧　今、重要な論点がたくさん出ました。このお話をしている本日、２０２３年12月22日の時点でガザ市民の犠牲は2万人超、さらには２２０万人のうちほとんどの住民が強制移住（国内避難民の）状態にあります。ただ、瓦礫の下にも相当な数の方が亡くなっているだろうということで、犠牲者の数は、2万人でも少な過ぎるのではないかというような見方もあります。

イスラエルのガザにおける軍事作戦は、現代史における最短のペースで最悪の破壊をもたらしつつあります。ＡＰ通信によれば、ガザでは戦闘開始から2カ月あまりで、２０１２年から２０１６年にかけてシリアのアレッポで行なわれた破壊、２０２２年にウクライナに侵攻したロシア軍によって包囲されたマリウポリの破壊、第二次世界大戦中の連合国によるドイツ空爆以上の烈度の破壊がもたらされたといいます。また、２０１４年から２０１７年にかけ、イラクでアメリカ主導で行なわれたテロ組織「イスラム国」討伐作戦は、歴史上でもっとも激しい都市空爆の一つと考えられていますが、この時、アメリカ主導の連合軍がイラク全土で約1万4000回の空爆を行なったのに対し、ガザでは2カ月あまりで2万9000回以上の空爆が行なわれました。

特筆すべきは子どもの犠牲の多さです。11月上旬の時点で、4500人を超えました。国連の調査によれば、過去数年、世界各地の紛争で1年間に犠牲となる子どもの数は2000人超から4000人超とされています。つまりガザでは1カ月あまりで、世界で1年間に犠牲になる数より多くの子どもの犠牲者が生まれてしまったことになります。

これらのガザ保健省が出す犠牲者数については、世界保健機関（WHO）などによっても信頼に足るものと認められています。ヨーロッパの人権団体が出している数字も、ガザの保健省が出している数字と、おおむね合致しています。しかしバイデン大統領は「パレスチナ側が出してきた数字は信用できない」と、これまでに複数回、ガザ保健省が出した犠牲者数に疑いを投げかけてきました。これがユダヤ人の死者であった場合、死者の数に疑問を呈することなど許されないはずでしょう。ホロコーストを否定することになってしまいかねない。でもパレスチナ人に対してはそれを平気でやってしまうわけです。10月下旬、バイデン大統領が「ガザ保健省が発表する犠牲者数は信用できない」と発言した際には、ガザ保健省が抗議の意味を込めて、数千人の犠牲者の氏名一覧を公表したこともありました。

バイデン大統領は重要な局面で、本来、慎重に事実確認を行なわなければならないことについて、パレスチナ側の情報は信頼できないとして、イスラエル側の発表へ即座に支持を与えてきました。10月17日、バイデン大統領がイスラエルを訪問しようとした際、ガザ北部のアルアハリ病院が爆破され、ガザの保健省は死者が471人にのぼったと発表しました。翌日、イスラエルを訪問し、ネタニヤフ首相と会談したバイデン大統領は、爆発への関与を否定するイスラエルの主張について、すぐさま支持を表明しました。確かにその後、調査が進み、ヒューマン・ライツ・ウォッチなどの人権団体も、病院の爆破はパレスチナの過激派のロケット弾の誤射が原因である可能性が高いとの見立てを示しています。しかしそれは、爆破直後にすぐ判断できることではなかったはずです。

内藤　そうですね。

三牧　イスラエルが主張する、不確かな情報とそれに基づく攻撃にアメリカが全幅の支持を与える。この構図が繰り返されたのが、ガザ最大の病院、シファ病院への攻撃でした。イスラエル軍は「地下にハマスの司令部が存在している」と断定し、病院の封鎖と攻撃を続け、多くの医療従事者や患者、新生児を死に追いやりました。しかし、現在に至るまでイスラエル軍が提示してきたのは、複数のカラシニコフ・ライフル、ガザ地区ではありふれているトンネルの入り口くらいで、シファ病院にハマスの司令部が存在することを示す確固たる証拠を提示できていません。

戦時の文民保護について定めたジュネーヴ条約（1949年）は、「病院がその人道的任務から逸脱して敵に有害な行為を行なうために使用された場合」を除き、病院への軍事作戦を禁じています。同条約は、「傷者若しくは病者たる軍隊の構成員がそれらの文民病院で看護を受けている事実又はそれらの戦闘員から取り上げられたがまだ正当な機関に引き渡されていない小武器及び弾薬の存在は、敵に有害な行為と認めてはならない」とも定めています。イスラエルのシファ病院への軍事行動が、これらの要件を満たしていないことは明白です。攻撃する前に民間人を避難させる努力もまったく不十分でした。イスラエルはジュネーヴ条約には加入、その追加議定書（1977年）には不加入ですが、これらは慣習法であり、遵守するという立場を打ち出してきました。今回の病院攻撃も、国際法違反ではないと主張しています。

アメリカは一貫して、シファ病院はハマスによって軍事利用されているというイスラエルの主張を支持してきました。国家安全保障会議（NSC）のジョン・カービー戦略広報調整官は、「アメリカは病院を空から攻撃することは支持しない」と留保した上で、「ハマスがシファ病院を軍事作戦の拠点として利用している事実を裏づける情報を確保している」と述べました。しかし、それがどのような情報なのか。本当に、病院を攻撃するという例外的な事態を正当化しうるほどに確かなものか。今に至るまでアメリカ政府も示していません。

シファ病院をめぐる一連の経緯に、2003年のイラク戦争とのデジャヴ（既視感）を感じた人も多かったのではないでしょうか。当時、イラクのサダム・フセイン政権は大量破壊兵器を保持している、大惨事になる前に叩いておかなければならないという疑惑と言説がまことしやかに広まりました。2003年2月、国民の信頼も厚かったコリン・パウエル国務長官は国連安保理で、イラクは大量破壊兵器を製造・保有しているだけでなく、2001年9月11日にアメリカで同時多発テロ事件を起こしたテロ組織アルカイダと関係があると訴え、「サダム・フセインをさらに数カ月や数年、大量破壊兵器を保有したままにしておくという選択肢は、9・11以降の世界ではありえない」と訴えました。翌月、アメリカはイギリスなどと共にイラク攻撃に踏み切り、フセイン政権を数週間で崩壊させましたが、結局、大量破壊兵器は見つかりませんでした。

9・11後からイラク戦争の開戦まで、ブッシュや高官たちは、フセインがアメリカにもたらす脅威について、多数の情報操作を行ないました。世論調査会社ピュー・リサーチ・センターによれば、開戦前の数カ月、5割超から6割超のアメリカ国民が「フセインは9・11のテロリストを手助けした」と信じていました。イラクにおけるフセインの支配を終わらせるために軍事行動を取ることに賛成と答えた人は、過半数に及んでいました。

こうした世論を決定的にしたのが、パウエルでした。パウエルは、アフリカ系アメリカ人として初めて制服組トップである統合参謀本部議長、国務長官を歴任した人物で、超党派の国民に信頼されていました。そのパウエルまでもがフセイン政権とアルカイダとの関係、同政権の大量破壊兵器疑惑に言及したために、まったくの嘘(うそ)偽りであるにもかかわらず、多くのアメリカ国民も信じてしまいました。他ならぬパウエルが言うのなら、真実であるはずだ、と。その後パウエルが、安保理での自らの発言を「人生の汚点」と後悔していたことはよく知られていますが、取り返しはつきません。国連でのパウエル演説をきっかけに、イラク戦争に賛同しないという立場から賛同に回った人々が10％ほどいたという調査結果もあります。

アメリカにはそういう大変なことをやらかした過去が20年前にありながら、また同じことを、今度はイスラエルの「テロとの戦い」に全面的な支持を与えて、繰り返しているのではないか。そのような懸念もいよいよ強まっています。イラク戦争の教訓がまったく生かされていない。

そして内藤先生が無差別攻撃とおっしゃいましたが、ガザで行なわれてきたのはまさに無差別攻撃です。さすがにバイデン大統領も12月12日に、「イスラエルがやっていることは無差別攻撃だ」と苦言を呈しました。イスラエルはこんなことをやっていたら、国際的支持を失うと。すでに大いに失っているので、遅きに失した発言でしたが。

その後、アメリカの情報機関の分析でも、イスラエルがガザで使用してきた空対地兵器の半数近くが「ダムボム」と呼ばれる無誘導弾だったことが確認されました。精密誘導兵器とは異なり、無誘導兵器は精度が低い。ガザは地球上で人口密度がもっとも高い地域の一つで、このような人口密集地で無誘導兵器が使用されれば、ほぼ確実に多くの民間人が巻き込まれます。

さらにイスラエルが、３０５ｍ以上も離れた住民らをも死傷させる破壊力を持つ大型爆弾を数百発使っていたことも明らかになりました。10月末に行なわれたジャバリア難民キャンプの空爆では、50人以上の犠牲者を出しましたが、これにはアメリカがイスラエルに提供している「バンカー・バスター」と呼ばれる大型爆弾が使用されたと見られています。イスラエル側は、「民間人の死傷者を最小限にするため、可能なあらゆる措置を講じている」「民間人に不必要な損害を与えないために標的に適した弾薬を選んでいる」と強弁してきましたが、こうした主張は事実に裏づけられていません。元イスラエル国防軍のイツハク・ブリックは、こう語っています。「ミサイルも弾薬も精密誘導爆弾も飛行機も爆弾も、すべてアメリカからのものだ……アメリカが水道の蛇口を閉めたとたん、イスラエルは戦い続けることはできなくなる。アメリカなしでは戦えないことは、イスラエルの誰もが理解している」。

ジャーナリストへの攻撃

三牧　今回の戦争の特徴は、市民の犠牲の多さに加え、国連職員やジャーナリストの犠牲の多さにあります。ハマスとの戦闘において、イスラエル軍は「ハマスが拠点としている」「ハマスが民間人を〝人間の盾〟にしている」として、病院や救急車、学校や難民キャンプをも無差別的に攻撃してきました。国連職員の犠牲も11月上旬には100名を超えました。さらに多くのジャーナリストも犠牲になっている。しかも、取材中ではなく、家や自宅で亡くなっているジャーナリストが多い。つまり、無差別攻撃どころか、ジャーナリストを故意に標的にして攻撃しているのではないかという疑いもかなり強まっています。イスラエルが、今ガザで起きていることを世界に伝えようとするジャーナリストを敵視していることは明らかです。

国連機関、とりわけUNRWAへの敵意も明白です。イスラエルはこれまでも、「ガザ地区で働くUNRWAの職員は皆、ハマスのシンパだ」「UNRWAが運営する学校で、パレスチナの子どもたちに反ユダヤ・反イスラエルの思想が吹き込まれている」と主張してきましたが、現在の軍事行動の中でこうした敵意はいよいよあらわになっています。多くの避難民を収容しているUNRWA運営の学校や施設も、屋上に国連旗を掲げているにもかかわらず、容赦なく標的にされてきました。

内藤　ジャーナリストで殺害されたのは、今朝（2023年12月22日）の時点で68人だったかな。

三牧　ありえない数です。

内藤　まったくそのとおりで、今日のニュースでも出ていましたが、イスラエル側が「ガザでこんなことが起きている」と言って、ニュースの映像で我々も見ることができるのは、イスラエル軍が発見した地下通路、あれだけですよね。殺したガザの人間の映像は映さないわけですから。そして、イスラエル側の報道は、ジャーナリストが報道しているわけではないのです。イスラエル軍が広報でやっています。軍による、つまり大本営発表の情報しか出てこない。

その一方で、ガザ側にはジャーナリストがいる。ガザのローカル局の記者もいますけど、他にもまだ、たとえばアルジャジーラの契約しているコレスポンデント（特派員）がガザにいます。

それから、たとえばトルコも、国営放送TRTと、国営アナトリア通信、それから民間、いずれも契約している記者がガザの中にいます。エルサレム側にもいるんです。そうすると、簡単に裏を取ることができて、どんどん報道していくわけです。イスラエルは相当それが頭にきているので、やはりジャーナリストを標的にしているでしょう。それにしても、あのトンネルの映像はレベルが低過ぎますよね。

三牧　低いですね。

内藤　イスラエルがつい最近出していたトンネルの映像もそうでしたが、トルコの放送でコメンテーターが笑っていました。それは、ハマスが宣伝用に撮った映像で、イスラエル軍は、途中までハマスが撮った映像を使っていたそうです。

そういうことが、トルコの番組で逐一バレるんですね。トルコ側ではその種の映像は全部アーカイブされているから対照できてしまう。イスラエルは、ものすごくそれを嫌っているんです。こういうことが暴露されるから、ジャーナリストを標的にする。

〔補足：2024年2月7日の時点で、イスラエル軍の攻撃により殺されたジャーナリストの数は85人に達した。〕

だけど、自分のところのジャーナリストを入れるわけにもいかない。イスラエルって、一応民主主義社会ですから、ジャーナリストが自軍の所業について何を言うかわからないとなると、怖くて入れることができない。だから、軍の報道官が撮影したものだけを使うことになります。そうすると、官製情報だけでますます信憑性がなくなる。一方、ガザ側の報道はそれなりに信憑性があって、なおかつ世界中に拡散されてしまう。

三牧　そこまで杜撰な映像をイスラエルが出してきて、平気な顔をしているのは、やはり他のどの国が見捨てても、アメリカだけは見捨てないという過信があると思います。

内藤　見捨てないからですよね。

三牧　大変な驕りです。そして残念ながら、バイデン政権は、ここまではまったくその驕りを助長するような形で、イスラエルを支持してきてしまったといえます。

ハマスを「悪魔化」する米メディア

三牧　バイデンは10月7日のハマスによる襲撃を「悪の所業」と批判してきました。その批判は妥当だと思います。しかし、しばしばその批判が、イスラエル側の主張を鵜呑みにしたものであったことも指摘しなければなりません。

たとえばテロから数日後、ホワイトハウスでユダヤ人指導者たちを前に、バイデンはこう語りました。「テロリストが子どもを斬首している写真を見ることになるとは思ってもみなかった」。10月7日のハマスによる襲撃がどのようなものだったのか、とりわけイスラエル側が主張してきた子どもの斬首と女性へのレイプについては、その詳細をめぐってさまざまな論争が起こっており、現在に至っても確定的なことはいえません。ホワイトハウスは後になって、バイデンのこの発言について、バイデン本人はそのような写真を見ておらず、イスラエル当局やイスラエルメディアからの情報に基づくものだったことを明らかにしました。

イスラエル側の主張を批判的に検証する姿勢の欠如は、アメリカメディアにも顕著です。調査報道誌インターセプトは、ニューヨーク・タイムズ紙、ワシントン・ポスト紙、ロサンゼルス・タイムズ紙の3紙から、イスラエルのガザ攻撃に関する記事を1000本以上収集し、調査しました。その結果、3紙とも著しくイスラエルに共感的で、公平性を欠いた報道がなされてきたことが明らかになりました。戦争が始まってから6週間の報道において、「虐殺」や「大虐殺」「おぞましい」といった、民間人の大量殺害を強く非難するような言葉は、ハマスによって殺害されたイスラエル人に対してのみ使われ、その逆はほぼありませんでした。イスラエルの軍事行動で犠牲となったパレスチナ人は、女性や子どもが7割であり、ガザ戦争は現代史上もっとも子どもたちが犠牲になっている戦争の一つであるにもかかわらず、「ガザの子どもたち」について見出しに掲げた記事は、1100の記事のうちたった2つでした。同誌は、アメリカの新聞は、パレスチナ人を「非人間化」してきたと結論づけています。

さらにアメリカの三大メディアの一つ、CNNの報道についても、多くの疑義や問題があります。まず、10月7日直後、欧米メディアやSNSで広まった「ハマスはイスラエル人の赤ちゃんの首をはねた」との情報の一つの発端は、CNNのサラ・シドナー記者でした。イスラエル側がそう言っているにすぎないのに、彼女は生放送であたかも独自の情報源でも確認されているかのような主張を展開し、SNSを通じて多くの批判が寄せられた後、「自分自身ではその事実を確認していない」と謝罪することになりました。しかしこの時までに、アメリカ、さらには世界に、「ハマスはなんて残酷なんだ」というイメージが広がってしまいました。CNNは、紛争の一方の当事者の主張を鵜呑みにし、独自の検証もせずに報道をしてしまったこと、さらにはそのような報道が、「ハマス掃討」を大義とする無差別攻撃を正当化する役割を果たしてきてしまったことについて、批判的に検証しなければなりません。

さらに、イスラエル軍の管理下で、CNNはガザ市内を従軍取材してきました。その際、イスラエル軍が潜入した小児病院がハマスの軍事拠点であると、痕跡を示しながら強調するようなこともありました。病院をも無差別に空爆するイスラエルの軍事行動によって、現時点でガザで約3分の1の病院は機能しておらず、部分的にしか機能していない病院も多い。CNNの真意がどこにあったとしても、実質的にはイスラエルの言い分を一方的に広める、プロパガンダ的な映像を流してしまったわけです。

さすがにアメリカも、動揺しているとはいえ民主主義の国なので、こうしたメディア報道に対する批判の声もあります。11月には、数百のジャーナリストが連名で、イスラエルによるジャーナリスト殺害に抗議するとともに、欧米メディアに対して、次のように要求する公開書簡を出しました。イスラエルがガザでやっていることの残虐性を言葉をにごさずに伝えること、もしその言葉が適切だと判断されるならば、「アパルトヘイト（人種隔離）」や「ジェノサイド」「民族浄化」といった表現を使うことも辞さずに、正確に報道すること。

そうした声にも後押しされ、現在ではCNNも、イスラエル側が「自衛」「ハマス壊滅」の名のもとに破壊してきたガザの惨状を伝えるなど、それなりにバランスを取った報道をするようにはなってきています。それでもまだまだ公平な報道にはなっていないと思います。

また、アメリカメディアの問題性を露呈したのが、「10月7日にハマスによるイスラエル女性の組織的なレイプがあった」という疑惑に関する報道です。CNNやニューヨーク・タイムズ紙は大々的に、そして継続的にこうした報道を展開してきましたが、イスラエル政府が主張することや、信憑性に疑問がある目撃証言のみに依拠し、独自の取材や事実確認が行なわれていないのではないかとの問題が指摘されてきました。

もちろん性暴力は、絶対に許されない。今後もこの問題は検証され、その結果は広く共有されるべきでしょう。問題は、報道のやり方です。10・7以降、イスラエルは「ハマスは理性を失った、残虐なレイプ魔だ」という論理を、ガザにおける大規模攻撃を正当化する上で効果的に使ってきました。ある集団が人間性を奪われ、獣や野蛮人と同一視されることは、究極的にはジェノサイドへとつながっていく。パレスチナ人の人権を擁護し、イスラエルの攻撃に反対する人は、「レイプ魔の肩を持つのか」と口を封じられる。CNNやニューヨーク・タイムズ紙など、高い人権意識を一つの誇りにしているはずの「リベラルメディア」も、イスラエル・パレスチナ問題になると、ある集団の非人間化に加担しかねない報道を不用意にしてしまう。

もっとも、「10・7にハマスによる組織的なレイプがあった」と主張してきたイスラエル政府ですが、本当に真相の解明を望んでいるのか、疑問視したくなる事実もあります。国連人権理事会はこの問題を調査・検証するために独立の調査委員会を立ち上げましたが、イスラエル政府はこの委員会を、「反ユダヤ主義者」に率いられていると批判。10月7日の犠牲者や解放された人質の治療に携わった医師や病院スタッフに対し、この委員会には協力しないよう指示しました。これまでイスラエルは、国連女性機関（UN Women）など、国連のジェンダー部門がこの問題をまったく無視し、イスラエル人女性の人権を軽視しているとずっと批判してきたのですが。

世界でますます多くの人々が、ガザ市民の犠牲の多さに慄（おのの）き、怒り、即時停戦を求める中で、アメリカでは、リベラルメディアと呼ばれるCNNやニューヨーク・タイムズ紙まで一緒になって、「10月7日にハマスは赤ちゃんの首をはねた」とか「女性を組織的にレイプした」と繰り返し報道する。これによって、ハマスに対する悪魔的なイメージが延々と再生産され、ハマスへの怒り、そうした存在を生み出し、支えてきたとしてパレスチナ人への怒りも再生産される。究極の意図がどこにあったにせよ、これらのメディアが、ガザのパレスチナ市民の犠牲についてては限られた時間で、限られた事実にしか言及しない一方で、ハマスのレイプ疑惑について繰り返し報道してきたことが、「ハマスはこんなに残酷な集団なんだ」「こういう非道な人々なのだから、徹底的に攻撃して殲滅しなければならないのだ」という考えを広め、イスラエルの無差別攻撃を容認する雰囲気を作っていったことは否定できません。なお、今に至るまで、若干イスラエルへの批判のトーンは強めつつも、イスラエルを軍事的に支え続けているバイデン大統領も、「ハマスのテロリストたちが女性と少女に可能な限り苦痛を与えた後、殺害したという報道がある。恐ろしいことだ」「世界は今、起きていることに背を向けることはできない」と訴えてきました。

戦争を後押しするホワイト・フェミニズム

三牧　アメリカでは女性たち、とりわけ著名で、地位や権力のある女性たちが、ハマスの壊滅を掲げるイスラエルの軍事行動を支持してきました。２０２３年12月初頭、イスラエルなどの主催でニューヨークの国連本部でジェンダーに基づく暴力に関するイベントが開催されました。政治外交、芸術などの各界の著名人が集結し、フェイスブック（現メタ）の元最高執行責任者であり、女性も職場でリーダーをめざすべきと説いた『LEAN IN（リーン・イン）』（日本経済新聞出版、２０１３年）のヒットで、ビジネス界のフェミニストの顔になってきたシェリル・サンドバーグやニューヨーク選出の民主党議員カーステン・ギリブランドなどが参加していました。そして、イスラエルの国連大使、ギラード・エルダンも参加していました。サンドバーグは、イスラエルの大統領夫人ミハエル・ヘルツォグらと共に、世界中の女性の人権を守るはずのＵＮ Ｗｏｍｅｎが、イスラエル人女性と少女を標的にしたハマスの組織的なレイプについて明確に批判していないと強く糾弾してきた人物でもあります。

演説を行なったサンドバーグは涙声で、「レイプは決して戦争の道具として使われるべきではない」と訴え、「沈黙は加担です。テロを前に、私たちは黙っていることはできません」と国際社会がハマスへの断固たる対応において団結すべきだと主張しました。ビデオメッセージを寄せたヒラリーも、国際社会に対し、「戦争兵器としてのレイプは、人道に対する犯罪である」と宣言、「正義の味方だと主張する人たちが、ハマスによる犠牲者に目をつぶり、心を閉ざしているのは言語道断だ」と述べて、ハマスに対する断固たる対応を国際社会に求めました。

イスラエル側は、10月7日にハマスによるイスラエル人女性や少女への組織的な性暴力、さらには組織的な性器切除があったと主張してきましたが、ハマス側はこれを否定しています。今後も事実確認を進めていく必要がありますが、いずれにせよ、紹介したような、アメリカ人女性たちによる性暴力への強い抗議そのものについては、私も深く共感し、立場を同じくするところです。

しかし問題は、ハマスが行なったとされる組織的な性暴力への彼女たちの怒りが、どのような政策を正当化することになっているか、です。イスラエル人女性たちに全幅の共感や同情を寄せ、彼女たちの身に起こったことに憤るアメリカ人女性たちの視界には、イスラエルの軍事行動によって生活を壊され、大切な人を奪われ、さらには命を奪われてきた無数のパレスチナ人女性たちは、まったく存在していないかのようです。前述のイベント開催時、すでにパレスチナ市民の犠牲は2万人に迫っており、その後も増え続けています。ガザには5万人の妊婦がいるといわれており、イスラエル軍に病院まで破壊し尽くされ、麻酔もなしに屋外で出産しなければならない女性たちも続々と出てきています。しかし、サンドバーグもクリントンらもハマスによる蛮行ばかりを語って、その後にいかにパレスチナ人に対して残酷なことが行なわれてきたのか、決して語らないのです。そういう姿勢を取ることで彼女たちは、「残酷なテロリストでレイプ魔」でもあるハマスを壊滅させるための軍事行動は徹底的にやるべきだ、それがいかにパレスチナ市民の犠牲を生もうとも続けるべきだ、といった形で、イスラエルの無差別的な軍事行動を肯定し、後押しする働きを果たしてきました。そういうつもりではない、というのであれば、パレスチナ人女性たちの苦しみや、彼女たちが受けている暴力についてもきちんと言及し、ハマスの残虐行為を理由に大々的に展開されてきたイスラエルの軍事行動も批判すべきです。しかし彼女たちは決してそうしない。

フェミニズムとは、いかに弱い人間でも、あらゆる人々、とりわけ守られなければ暴力にさらされてしまう弱い立場にある人々の生命と尊厳を守ろうとする思想であるはずです。ある女性たちの尊厳や命が踏みにじられたことを理由に、別の一群の、それもより弱き人々の尊厳や命を踏みにじる行為を肯定する。はたしてサンドバーグやクリントンの立ち位置は、「フェミニスト」といえるでしょうか。私はいえないと思います。

「ハマスのレイプを非難しない人はフェミニストではない」

三牧　もっとも前述したような、「ホワイト・フェミニスト」——非西洋世界の女性たちと先進国にいる自分たちとの力関係に無自覚で、非西洋世界の女性たちを苦しめているのはその政府のみならず、往々にして、欧米諸国による介入や軍事行動であることと向き合わない「フェミニスト」を批判する概念——がすべてではありません。イスラエルが、報復として明らかに過剰な軍事行動を起こしている中で、ハマスの性暴力を糾弾し、「奴(やつ)らはレイプ魔」とレッテル貼りすることが、パレスチナ市民を広範に巻き込む軍事行動を正当化するリスクを十分に自覚し、慎重な姿勢を取ってきたフェミニストもいます。ただ、そうした人々の声が封殺される傾向にあることも事実です。

カナダにあるアルバータ大学の性暴力センターのディレクター、サマンサ・ピアソンが、ある書簡への署名をめぐって解雇されました。「パレスチナを支持する：政治指導者たちにジェノサイドへの加担をやめることを求める」と題されたその書簡は、カナダの政治指導者たちに対し、パレスチナ人と連帯し、「イスラエルによる大量虐殺への加担に終止符を打つ」ことを呼びかけるものでした。とりわけ問題視されたのが、この書簡に「パレスチナ人が性暴力の罪を犯したという、検証されていないことへの非難が繰り返されている」という言及があったことです。ピアソンはイスラエル人女性へのレイプを否定するハマスのプロパガンダを鵜呑みにしている、性暴力問題に取り組むセンターの長でありながら、ハマスによるレイプや性暴力に疑いをはさむとは何事か、という批判が殺到し、解雇に至りました。

しかしピアソンが署名した書簡は、ハマスによるレイプを否定するものではなく、そのような主張は検証されたものでなければならない、と言っているにすぎません。何より、この書簡が停戦を求めるものであったことも考える必要があります。独立した検証を経ていないのに、ハマスによる組織的なレイプがあったと断定し、「ハマスはレイプ魔」というレッテルを拡散することは、イスラエルの軍事行動を後押しすることになり、イスラエルが「レイプ魔」「テロリスト」とは交渉できないと、停戦をあくまで拒否する口実にもなる。だからまず、事実関係をきちんと検証すべきであり、また、たとえ性暴力の事実が確認されたとしても、ハマスの非道さを理由に、パレスチナ市民への不当な攻撃が正当化されてはならない。書簡は決して一方的にパレスチナ側に立ったものではなく、ハマスのテロを批判し、人質解放を求めるのであれば、イスラエルがパレスチナに行なってきた数々の「テロ」行為——パレスチナ人の不当な拘束、ガザに強いてきた軍事封鎖、ヨルダン川西岸の違法な入植——も等しく批判し、その終結が主張されなければならないと述べるもので、問題の本質に触れたフェアなものでした。

なお、ハマスによる人質拘束は批判されるべきですが、AP通信によればイスラエルの刑務所には現在7000人超のパレスチナ人が収監され、「治安」の名目で、起訴も裁判もなく、無期限で拘束される「行政拘禁」の人も1000~2000人いると見られています。石を投げただけで投獄された子どももいます。1967年にガザ地区とヨルダン川西岸でイスラエルによる占領が始まりましたが、以降、推計75万人以上が拘束され、ほぼ全家庭で身内に被拘束者、あるいはその経験者がいる状態だと報じられています。

しかし、結局ピアソンは辞任させられました。昨今、フェミニズム研究では、一口に「女性」と言っても、現実の女性が被る差別や抑圧は決して一様ではないこと、ジェンダーのみならず、人種や経済的な地位の差異によって、女性が被る差別や抑圧にはさまざまな差異があり、そうした差異に目を向けながらジェンダー差別や暴力の問題を考えていかなければならないという「インターセクショナリティ（交差性）」という視点の重要さが強調されています。しかし、現実には、欧米にいながら非欧米社会やイスラム社会の視点に立って暴力の問題を考えようとするインターセクショナルなフェミニストの口は封じられてしまう。10月7日以降、イスラム社会の抑圧性や野蛮さを糾弾するばかりで、自分たち欧米が、イスラム社会を生きる人々、とりわけ女性たちにとってどれほど暴力的で抑圧的な政策を遂行してきたか、そうした批判的な視点がない「ホワイト・フェミニスト」たちがいよいよ声を大きくし、戦争と親和的な、イスラエルの軍事行動を後押しする言説をばらまいてきたのではないでしょうか。

内藤　先ほど、パウエルの発言からイラク戦争に乗り出していく時に、アメリカ国民も、あるいは、政界もだまされたという話をなさっていたけれど、レイプや女性の人権というのは、アフガニスタン侵攻の時にも非常に大きな役割を果たしてしまった論点ですよね。

アフガニスタンに米軍が初めて踏み込んだのは、２００１年10月７日。あの時は、まずアメリカが９・11のような未曾有のテロ攻撃を受けた、それに対して、少なくともＮＡＴＯ条約第

5条の適用による集団的自衛権の行使による報復ということでNATOが出撃したわけです。これはNATOで初めてのケースでした。

しかも出撃する先は、アルカイダを対象としては非国家主体になってしまうので、アルカイダをかくまっているアフガニスタンのタリバン政権ということになりました。その時点で、もう国際法上はかなり無理があることは指摘されていましたね。まず、国家対国家の戦争ではないのに、集団的自衛権を行使できるのかと。少なくともアルカイダだというなら、アルカイダを殲滅するのはかまわないけれど、アルカイダをかくまっているという理由で、アフガニスタンという国家を壊滅させていいのかとなると、その根拠ははなはだ薄弱だった。

しかし、実際に踏み込んで、1カ月ほどでタリバンは追い出された。といっても潜伏しただけだったんですけど、その間にアメリカは、理屈を変えましたよね。ローラ・ブッシュが出てきて、「さあ、アフガニスタンの女性の皆さん、あなたは今日からあのブルカ（アフガニスタンの女性の被り物）を着用しなくて済むのです。あなた方には自由が来るのです」と言って。しかしそれからの20年、膨大な犠牲が強いられていった。結局、アメリカ軍をはじめとする駐留軍とタリバンの戦闘で多くの女性が命を落とすことになったのです。これは授業でもよく話すのですが、女性の人権と命が引き換えにされてしまう。この理屈は、アメリカがアフガニスタン侵攻の時に使っているんですよね。

三牧　「自衛」が通らなくなると「女性の人権」を持ち出してくる。欧米的な価値観ですね。しかし、あえてその論理に乗ったとしても、アフガニスタンでも、都市部の女性について、政治的な権利や教育において進んだ面があったことは事実ですが、7割の地方に住んでいる女性たちにとっては、自分の命がねらわれたり、親族を亡くしたりした。アフガニスタンのような社会で女性が一人で生きていくというのは本当に大変なことで、大変な辛酸をなめることになったのですよね。

「命を奪わない」のがフェミニズムの根幹

内藤　三牧先生の『Z世代のアメリカ』（NHK出版新書、2023年）でも触れてらっしゃった中村哲先生（医師。アフガニスタンでの医療、灌漑事業で多大な貢献を果たしたが、2019年に現地でアフガニスタン・タリバンとは別組織のパキスタン・タリバン運動に殺害されたとされる）のお話のとおりで、「民主主義とか人権を持ってくるのなら、戦闘機やミサイルと一緒に持ってくるな」ということに尽きます。彼はアフガニスタンの実情をずっと見ていたわけで、もちろんアフガニスタンの村の人たちが啓蒙されてないことなんか、よくわかっているわけです。しかも、命を暴力的に奪っておいて、女性の人権も何もないだろうと。

そうしてアフガニスタンから2021年8月に撤退するまでの20年間に、アメリカがお金をばらまいて育てた大都市部のエリートたちは、アメリカ的な価値を受容したでしょうし、それが悪いとは言いません。彼らは、実はタリバン対アメリカ軍の戦闘に巻き込まれて死ぬことはなかった。首都のカブールは、米欧の軍隊によって聖域として守られていたところでしょう。だけど、田舎へ行けば行くほど、中村先生がおっしゃったとおりで、米軍のヘリが攻撃してくる。そうなるとタリバン兵が出てきて、米軍に応戦して、そこで死者が出る。本来、もっとも守るべきだったのは、社会が保守的で女性がなかなか声を上げることが難しい地方農村の女性じゃなかったんですか?

アメリカのアフガニスタン侵攻で一番評判が悪かったのは、ナイトレイド（夜襲作戦）ですよね。夜、村を襲って、これはＩＳＡＦ（International Security Assistance Force：国際治安支援部隊）、米軍を中心としたＮＡＴＯ軍などがいたアフガニスタンの治安維持部隊が行なったということになっていますけれども、彼らがアフガニスタンの村々へ行って、いきなり民家を襲う。「タリバンはいないか?　タリバンの行方を知っているか?」と。特に田舎では、女性の居住空間と男性の居住空間が分かれていたのに、それを無視して突っ込むということがあり、地方の人たちに大変な屈辱と恐怖を与えていた。殺さないまでもね。しかも、それで殺しているケースも多々ある。これで、どこが女性の人権なんだ?ということです。

だから、三牧先生がおっしゃるとおりで、アフガニスタンでもガザでもフェミニズムが都合良く使われて、それを今回は、反ハマスの力にしようというのは、筋違いですよね。

三牧　フェミニズムが、こうした軍事行動の後押しに利用されるのはこれが初めてではありません。2001年の9・11同時多発テロ事件を受け、当時のブッシュ政権がテロを実行したアルカイダのメンバーをかくまっているとアフガニスタンへの軍事行動を決めた時、多くのフェミニスト団体が、弱き者の命を守るために戦争に反対することより、タリバンという「野蛮」な政府のもとで抑圧されたイスラム女性たちを「救う」ための軍事行動を支持することを選びました。

その典型的な例が、長年女性の権利を旗印に活動してきたニューヨーク州選出の民主党議員、キャロライン・マロニーでした。アフガニスタンへの軍事行動が議論される中、彼女はブルカを身につけて——彼女はイスラム教徒ではありません——議場に現れ、タリバン政権の「野蛮さ」を強調し、タリバンによって抑圧されたアフガニスタン人女性を「解放」するためのアメリカの軍事行使に全幅の支持を与える演説を行ないました。ブルカを身につけただけで、抑圧されたアフガニスタン人女性に成り代わって語れると思うこと自体、異文化や異宗教への敬意を欠いた、大変な傲慢な行ないですよね。

内藤　傲慢ですよね。

三牧　さらに、その演説内容。全体的には、「この軍事行動は正しい、女性を解放するために行なうのだから」という趣旨でしたが、それ以外にも、「我々アメリカは、爆弾と共に食べ物も落としているのだ」「タリバンとは違って、なんと慈悲深いことか」とも強調しました。「慈悲深い軍事行動」。たとえ政治家がそう主張しようと、フェミニストはまず、そのような軍事力の行使がそもそもありうるのか、という懐疑や批判から話を始めるべきではないでしょうか。「フェミニズムとは何か？」。この大きな問いに到底、一つの解など出せないわけですが、アメリカが過去に行なってきた軍事侵攻を研究してきた立場からすれば、「命を奪わない」「弱き者の命、生活を守る」というのが根幹にあるべきではないかと思います。どんなに崇高な大義が掲げられていようと、軍事侵攻は必ず市民の命、それももっとも弱い人から命を奪っていく。2021年にアフガニスタンから米軍が全面撤退するまでに、4万6000人ものアフガニスタン市民の命が奪われました。

今回のハマスのテロは、アメリカでは「イスラエルの9・11」として、2001年に自国を襲った悲劇と重ね合わせて理解され、イスラエルへの共感が生まれてきました。そして、今回のガザでの軍事侵攻でも、フェミニズムが軍事行動の正当化に使われている。「劣った」存在への軍事行動を正当化するようなフェミニズムを、私たちは許容していいのか？　そうした意味で、ガザ侵攻は、私たちがホワイト・フェミニズムを脱し、インターセクショナルなフェミニズムをいかに実現していけるのかという大きな問いを投げかける事例だと考えています。

「9・11」というマジックワード

内藤　それでもなお、ハマスのしたことはテロですが、しかし、その前の何十年にもわたるガザの封鎖。よく言われるように開かれた監獄という状況に閉じ込められてから16〜17年が経ちますけど、その前はイスラエルがガザの地を占領していたわけですから。その歴史は何なのだと。そこを問い直さないで、安易に「10・7」は「イスラエルの9・11だ」というようなことを言っている。

2001年の、実際の9・11の時もそうでした。アメリカが攻撃されたのは、その前は1941年の真珠湾攻撃で、日本がハワイを攻撃したのを最後に、攻撃されていなかった。それがいきなり9・11で、本土のニューヨークを襲われた。しかも3000人が亡くなって。これは大変なことですけれど、だからといってその報復に何をしてもいいのか。

結局、アメリカは「報復」したわけですよね。アフガニスタンごと壊滅させて。さらに悪いのは、そうして壊滅させたアフガニスタンから、20年後の2021年8月に、アメリカは負けて撤退したということです。

先ほどの三牧先生の指摘は、大変重要です。アフガニスタンから撤退した後、アメリカはまた、「タリバンの手に戻って、アフガニスタンでは女性たちがひどい目に遭っている」と言っている始末です。だったら、そうなることがわかっていて、なぜ撤退したのか。もう何重にも無責任の繰り返しですよね。

20年間、アフガニスタン人を殺すだけ殺しておいて、政権の方は不正・腐敗を是正できず、大統領がバイデンになって軍隊を撤退させた。帰ったらタリバンが復権することはわかりきっていて、引き揚げてしまった後で、タリバンを非難し続ける。

今や「9・11」はマジックワードですが、これはアメリカの凋落(ちょうらく)を象徴しています。思想から一般の市民が抱くイメージに至るまで。そのことを自覚しないと、非常に危険です。今回のイスラエルの攻撃で、それがあまりにもあからさまに、あぶり出されたと思うのです。

三牧　本当にそうですね。今回のテロに際し、国連のグテーレス事務総長は非常に踏み込んだ発言をしています。「ハマスの攻撃は何もないところから起こったのではない」と述べ、イスラエルの国連大使らが、「事務総長はハマスのテロを容認している」と辞職を求める事態へと発展しました。しかし、事務総長の発言の真意は、イスラエルが安全を実現したい、つまり、イスラエルを対象にしたパレスチナ人によるテロをもう起こしたくないというのなら、そのためにこそ、ハマスのような存在がなぜ生まれたのかを考えねばならない、というものでした。そこには56年に及ぶ占領によってイスラエルがパレスチナ人の生活、さらには現状変更へのいかなる希望も破壊してきた事実がある。暴力やテロによって事態の打開を求めることを批判するならば、暴力によらずに事態を打開できる政治的希望を示さなければなりません。

パレスチナで人々が政治に希望を失い、武力闘争しかないと考えるようになった背景には、欧米諸国も無関係ではありません。アメリカは、イスラエルがガザを軍事封鎖し、ヨルダン川西岸で入植を加速度的に進める現状にあって、そうした現状を止めるための実効的な措置もとらず、「我々としては二国家共存を支持する」と言い続けてきました。腐敗したPA（パレスチナ暫定自治政府）はパレスチナで人望を失っており、ハマスを選べば、欧米によってそのような政府は承認できないとノーを突きつけられる。イスラエルは、「二国家共存」に向けて話し合いをしたくとも、パレスチナ政府が分裂しており、交渉相手がいないと言い訳をする。欧米諸国もまた、パレスチナ人の民意を否定し、政治的な選択肢を奪い、どこにも政治的に解決する望みを託せない状況に加担してきました。

こうした文脈に照らせば、ガザ危機の中でバイデン大統領が、イスラエルの軍事行動にゴーサインを出しながら、「我々は変わらず、二国家共存をめざしている」と言っていることは、空虚を超えて、グロテスクですらあります。

これは10月7日以前の数字ですが、ピュー・リサーチ・センターの世論調査によれば、パレスチナ人の８割超で、「バイデンに期待していない」という数字が出ていました。確かに前共和党トランプ政権は２０１８年にエルサレムに米大使館を移動させ、２０１９年にヨルダン川西岸の入植地は国際法違反だという従来の判断を覆すなど、強力に親イスラエルの政策を推し進めた。その後、バイデンが大統領になり、入植政策に対する批判などは強まりましたが、大使館は結局エルサレムに存在し続けていますし、イスラエルの入植も結局アメリカや国際社会の批判などどこ吹く風で進んでいる。パレスチナ人から見たら、バイデンだろうがトランプだろうが、民主党政権だろうが共和党政権だろうが、本質的には変わりなく、およそアメリカの政権が、イスラエルの抑圧的なパレスチナ政策に実質的な変更を迫ることなんてないだろうという諦めが広がっている。

パレスチナのみならず、最近、中東では、中国がイランとサウジアラビアの国交和平を仲介するなど、存在感を増してきています。世論調査でも、アラブ諸国では、アメリカより中国を歓迎する声が大きくなっている。それは単に経済的な魅力だけではないでしょう。欧米から人権状況や拡張主義的な政策についていろいろ言われている中国ですが、アラブ諸国から見れば、欧米のようにいきなり軍事攻撃をしてくることもなく、まだマシという感覚があるのではないでしょうか。

アメリカは、単に経済的な意味だけでなく、国際社会における道義的な立ち位置についても、優位性を失いつつある。地域によってはもはや失っている。そういう状況をアメリカ自身がまったく理解していない。存在しない大量破壊兵器を理由にイラク戦争を開始し、アフガニスタンから無責任に撤退して、さらには今回のガザ危機でも、即時停戦を求める国際社会の圧倒的多数に反し、イスラエルの軍事行動に支持を与え続け、信頼を失っている自分たちを客観的に見ることができていない。9・11からの連続した問題として考える必要があります。

イスラエルにしても、アメリカにしても、「なぜ自分たちがそこまで憎まれ攻撃されるのか」ということを意図的に忘却し、凄惨な「テロとの戦い」を完全に正当なものとして遂行し続ける。殺された自国民の何倍の人々を殺しても、絶対悪たる「テロ」を根絶するための「付随的損害（コラテラル・ダメージ：collateral damage）」の一言で済ませてしまう。そういう意味では、「9・11」と「10・7」には多くの共通性があります。

全世界の問題にならなかったガザ問題

内藤　9・11の後のアフガニスタン侵攻だけでなく、イラク戦争も、サダム・フセインは独裁者でならず者でしたから、彼を排除したのはいいですけれど、その結果、イラクは分裂状態に陥ってしまった。そもそも、排除するにしてもアメリカのように戦争でいきなり政権を崩壊させるやり方は傲慢の一語に尽きる。

その後に、普通に選挙をやれば、数が多いシーア派が勝つに決まっていたわけで、そのシーア派のマーリキー首相の政権がポストを独占して、スンナ派を冷遇し、時にシーア派住民がスンナ派の住民を虐待した。その外されたスンナ派の中から、結局、イスラム国が出てくるわけですよね。

そのイスラム国を潰すために、アメリカは地上部隊を送りたくないものだから、今度はクルド人武装勢力を使って攻撃させました。

「イスラム国はひどいでしょう? アルカイダもひどいでしょう? ハマスもひどいでしょう?」となると、結果的にイスラムの過激な勢力が、みんなそこでそろい踏みのように出てくるわけです。しかし、いずれの「過激派」「テロ組織」もある日突然出現するわけではありません。

今、起きていることで私が非常に憂慮しているのは、欧米で「ハマスを支持しているのだから、ガザの人間もテロリストと一緒だ」と言っている点なんです。「だから、ガザ市民も、ハマスもろとも消してかまわないのだ」というイスラエル政府の暴走を欧米諸国は止めなかった。

世界的な規模で見ると、「イスラム教徒というのは排除すべき人間だから、消していいのだ」ということになります。

もうすでに世界の人口の4人に1人の規模に近づいてきている人たちを、「我々の価値観と合わないから消してしまえ、絶滅させてしまえ」などという発想が成り立つわけがないにもかかわらず、成り立つのではないかと思っているんですね。

私自身は、そういうイスラム教徒の世界と西欧世界との間で、「これ以上の衝突と人命の喪失を、どうしたら避けることができるか」ということに焦点を当てて研究してきたし、教育もしてきました。その観点からすると、今の状況というのはやはり最悪の状況にあって、「いやいや、平和なイスラム教徒もいますよ」というようなことを言ったとしても、もう通じない。

かつて1990年代にアメリカの政治学者サミュエル・ハンチントンが『文明の衝突』(集英社、1998年)で言ったような構図を、本当に地で行くようなことになっています。あの本が出た時に、文明が異なるから衝突するのは必然だという話には根拠がないと思っていたのですが、スポンサーとアクターがいれば実現できるとも思っていたんです。結局、オサマ・ビン・ラディンというのはその片方のスポンサーであり、アクターだったんですよ。当時のジョージ・ブッシュ大統領とアメリカの軍需産業もスポンサーでありアクターになって、双方が衝突したわけですよね。

この20年間、それが決して落ち着く方向に行かなかった。そして最後の最後のところで、衝突の場がガザに来た。

しかし、ガザの問題は、経済的、政治的には、世界の問題にはなっていない。ガザがひどいことになってから、原油の価格が高騰したかといったら、していない。イエメンの反政府派のフーシ派が紅海を通行している船を襲ったので、これでおそらくコンテナの料金が上がりますが、せいぜい、その程度です。ですから、今のところガザ市民の犠牲でとどまっている限りは、世界は、我がこととして目を向けようとしない。

1973年の最後の中東戦争の時には、石油を人質に取って石油危機（オイルショック）が起こされた。あの時は、アラブ側の最後の共闘だったわけですよね。しかし、考えてみると、あの第四次中東戦争の時の石油危機の後、じゃあ、衝突の原因を取り除こうという方向に進んだかというなら、やっぱり進んではいないですよね。あれをきっかけにフランスは原子力への依存を強めました。当時、アラブ人に頭を下げるくらいなら、フランスの原子力技術者を頼りにしたほうがマシだと言われていました。イギリスは北海油田の開発を急いで、中東への依存度を下げた。

日本も、エネルギー資源を分散させて、当時は原油の中東依存度が非常に高かったのですが、その後原子力の割合を高めます。今はまた、94・1%を中東に依存するところに来ていますが。

ですから日本人にとっては、今回のこのガザの問題は、この半世紀、あるいは第二次世界大戦以降、80年にわたっての、この地域とのつきあい方、あるいは、アメリカとの協調の中での、中東やイスラム世界とのつきあい方が、「これで良かったのか?」。そういうことを考える契機であると思うんですけど。

三牧　考えていないと思います。

内藤　考えてないいんですよね、全然。よほど原油の価格が高騰しない限り、多分、考えないでしょうね。

三牧　経済的な問題が出てきて、初めてガザの問題を自分ごとと捉えられる。そうでもなければ、ガザでいかに悲惨なことがあっても単なる地域問題というのは、いかに我々が株価にしか関心がないか、つまり国際問題イコール国際経済、カネの問題になっているという、私たち自身の世界観の問題を示していますね。

とりわけ、「人道」とか「法の支配」とか常日頃言っている国々が、まったくガザの状況に関心を持たない。それどころか、到底「自衛」で正当化されえないようなイスラエルの無差別攻撃を擁護しているというのは、二重三重に醜悪な図です。自らが掲げる理念で、まずは自らの行ないや発言を照らして、本当に矛盾がないか、考えるべきです。私は欧米諸国が今の態度を貫くならば、長期的には、これらの国々にとって無視できない打撃になるのではないか、と見ています。国際社会における道義的な立ち位置の問題です。

「テロとの戦い」というダブルスタンダード

三牧　12月12日の国連総会の緊急特別会合を見ても、即時停戦に反対しているのはアメリカとイスラエルなど10カ国にとどまり、残りの圧倒的多数は賛成しています。

さらに印象的だったのは、２０２３年11月にインドネシアのジョコ大統領が、バイデンとの会談で、「人道のために停戦が必要だと思う」と直々に伝えたのです。インドネシアはイスラム教徒が人口の大多数を占め、パレスチナの苦境に想いを馳せる人たちも多い。さらに東南アジアは、ASEANで地域のまとまりがあるため、アメリカに対してでも、自分たちの立場をきっちりと打ち出せるのです。

さらに強烈だったのが、同月のAPECの首脳会議です。マレーシアのアンワル首相がバイデンに対して、「あなたたちは、ウクライナ戦争に関しては、ロシアに制裁しろと圧力をかけてきたのに、ガザで赤ちゃんや母親をあれだけ殺しているイスラエルには、なぜ何も言わないのですか？　あなたたちの同情や正義の対象ではないのでしょうか」。そうはっきり言ったんですね。

国内にムスリム人口を多く抱える東南アジアのインドネシアやマレーシアなどでは、大規模な親パレスチナのデモが起きていますが、そうした国の首脳が、アメリカの大統領に対し、「あなた、やっていることがダブルスタンダードですよ。やっていることがおかしいですよ」と、もうそういうふうに言える時代になっているわけです。

一方で日本はどうでしょうか。「G7唯一のアジアの国」ということを、一つのアイデンティティに、岸田首相も当初「G7とグローバルサウスとの橋渡しになる」といった発言もしていましたが、実際には、ほとんどの場合、G7側に寄り添ってきました。

ただ、ガザ危機に際し、アメリカやドイツが、良識では考えられないほどイスラエル寄りの姿勢を見せる中、これに追随せず、独自の姿勢も見せてきました。12月の国連安保理や総会の緊急特別会合では、即時停戦に賛成票も投じました。辛うじて平和国家としての矜持は見せているのですが、東南アジア首脳のアクティブな外交を見ていると、欧米諸国がこれだけ偽善や欺瞞を明らかにしている中で、まだまだ平和国家として打ち出すべき主張や態度があるようにも思います。

内藤　特に言論の世界、ジャーナリズムも含めてですけど、日本は弱い。独自に自分で取材している人もいるけど、大半は欧米メディアのコピーで、その論調に流されてしまっているから、どこを見てものを言っているのか、わからない。

ガザの子どもや赤ちゃんやそのお母さんがテロリストであるわけがない。それなのに、どうしてその人たちを犠牲にするのかというと、もうさっきの理屈しかないんですよ。「彼らがハマスを支持しているから、ハマスもろとも消してしまえ」という。じゃあ、それに乗るんですか、日本のジャーナリズムは。

そこを、あまり省みようとしてない。あっちでこういうことが起きています、こっちでこういうことが起きていますと、一応、両論併記しておけばいいかというようなレベルで止まっている。

ところが、それをやっていると感覚が麻痺するんですよ。すでにアメリカは麻痺している。そして、ヨーロッパも麻痺している。日本は、ジャーナリズムの基礎がもっと脆弱ですので、考えるのをやめたら麻痺するのはもっと容易です。

それは、日本の国内で起きている大きなことに対しても同じです。気がついたら、パトリオットは日本で造っていて、日本がアメリカに売るという話が決まりました（2023年12月22日）。いつからミサイルの輸出国になったんでしょうか、日本は。そういうことが多いのですが、「もうこういう状況だから仕方ないでしょう」と、議論なしにそのまま進めていくのは危険です。すべてが「なし崩し」。

三牧　日本は国連安保理や総会で「停戦」という意思を示しているわけですから、そうした行動は矛盾していますよね。

バイデン大統領は12月になってようやく、「無差別爆撃は国際的な支持をなくす」とネタニヤフ政権に軍事行動の自制を求め始めましたが、実態として強固なイスラエル支持には変更はありません。先日、アメリカ国務省が議会の審査を省略して、イスラエルへの武器売却を承認したことも明らかになりました。議会では、年間38億ドル超に加え、追加で140億ドル超の対イスラエル軍事支援が検討されている。民主党の左派議員たちは、軍事支援するにしても、パレスチナ市民を広範に巻き込むような武器や攻撃には用いられないよう、条件づけをすべきだと主張していますが、バイデン政権は消極的です。ネタニヤフ政権のほうも、無差別的な軍事行動に対するバイデンの批判は、本気ではなく、形式上のものでしかないことをよくわかっていて、攻撃の規模や烈度を変える様子は見せていません。

バイデンとネタニヤフは数十年来の友人でもあって、個人的なつながりも深い。国際社会の手前、「一応イスラエルに自制を促しました」という形で、実際にはものすごい額の軍事支援をしている。そんなことは国際社会には見透かされていますが、アメリカはそれでも国際的な体面を保っていると思い込んでいる。

そもそもガザでのハマス支持というのはそんなに高くなかった。ただ、ここまでイスラエルに攻撃され、住まいからも追いやられたら、イスラエルのことを信じて交渉することなどできるわけがない。イスラエルの軍事行動が生み出す犠牲に比例するように、ガザでハマスの支持率は上がっています。すべてのパレスチナ市民がハマスを支持しているわけではなく、また、イスラエルのパレスチナへの抑圧政策こそが、パレスチナ市民を武装闘争路線に追いやり、ハマス支持に向かわせているのに、イスラエル側は、「ハマスというテロリストを支持している以上、パレスチナ人を殺してもいい」として、無差別に攻撃してきた。これも、民主主義の論理の恣意的な使用です。

内藤　それは危ないですよね。だって、ガザを攻撃するだけではなくて……。

三牧　それは、たとえば岸田政権を支持していない人が、「でもあなたは日本に住んでいるのだから、支持しているんでしょう？　岸田政権の問題は、あなたの問題ですよね」と言われて攻撃されるようなもので。

内藤　いや、これが大変な問題だと思うのは、ヨルダン川西岸の人たちにも、「あなたたちはハマスを支持しているでしょう」と。西岸にはイスラエルに何の権利もないのに、違法に入植しているイスラエル人たちの権利を守って、パレスチナ人に対する攻撃を強めている。確かに、その理屈を使ったら、西岸も攻撃していいということになって、結局はパレスチナは消滅していいということになってしまう。

序章でも概説したとおり、少なくとも2006年のパレスチナ評議会の選挙で、ハマスが勝って、ガザを実効支配することになった。ハマスは選挙で選ばれているんですよ。アメリカは、アフガニスタンに侵攻して、選挙というものを教えたわけでしょう。「これは民主主義の基本中の基本だ」と言って、さんざん宣伝しましたよね。それが、パレスチナで選挙をやったらハマスが出てきた。その選挙結果を尊重せずに「全部消してしまえ」と言うんですか？　それは違うでしょう。

三牧　ひどいダブルスタンダードです。アフガニスタンでタリバン政権を打倒し、自分たちが主導して新しい政府をつくった時は、選挙で示された民意というものがいかに重いものか、強調していたのに。

内藤　自分の言うことを聞かないなら、選挙で選ばれても無視するって、そんなのは独裁者と変わらない。当時トルコ政府首脳が、「ハマスは過激だけど、民意が選んだのだから、テロ組織として没交渉にはしない」と言ったことをよく覚えています。9・11以降、「イスラムを掲げている場合はとにかくダメだ、あれはテロと関連しているんだ」という空気がすごく蔓延していました。選挙をやって、イスラムを掲げる政党が出てきたら、手段を問わず潰していい――この発想は、数年後、「アラブの春」の民主化運動を寄ってたかって潰す時にも使われました。

しかもパレスチナの場合というのは、それまでの非常に抑圧された、奪われてきた歴史があって。さっきも言いましたけど、その最後に神頼みというかな、ハマスというイスラムの勢力が出てきた。

そのことを知っているのだから、諸外国は、ハマスが支配権を取った後に、ハマスに対して「武器を置いて政治プロセスに行こう。そのための環境を整えるから」と言わなければいけなかった。ところが、アメリカもEUも頭から「あれはテロ組織だ、交渉しない」と宣言してしまった。そうしたら、武装闘争路線を変えるわけがないですよ。

三牧　アフガニスタンのカブールで、学生がアメリカの「テロとの戦い」への抗議運動をしていた際、「アメリカこそが最大のテロリストだ」という横断幕が見受けられました。病院や学校のように、もっとも安全であるべきところに、アメリカも爆撃を行なってきました。平和に暮らしている市民の生活や命を破壊することが「テロ」であるならば、「テロとの戦い」を掲げて、無差別に爆撃をしているあなたたちこそ「テロリスト」ではないか、という痛烈な皮肉です。

20年超の「テロとの戦い」は、アフガニスタン、イラクのみならず、パキスタンやソマリアといった国々にも拡大し、数十カ国でアメリカは対テロ作戦を行なってきました。大量のドローンで多くの人が亡くなりました。そもそもアフガニスタンに関しても、アメリカへのテロ攻撃はアルカイダというテロ組織がやったことで、アフガニスタンが国家としてやったことではありません。こうした数々の問題がある軍事行動を、アメリカは「自衛」や「テロとの戦い」といって正当化してきた。

実態としてはテロリズムみたいなことを自分でもやりながら、民主主義という価値の体現者のように振る舞い、ハマスのようなイスラム勢力が選挙で勝った場合には「イスラム組織＝テロ組織」といったレッテル貼りをして、その選挙結果を否定する。イスラムフォビア（イスラム嫌悪）が根強いアメリカでは、そうしたレッテル貼りが功を奏してしまう。ネタニヤフも、欧米のイスラムフォビアを喚起するような表現を、非常に有効に使っています。

民間人の犠牲は「付随的」？

三牧　もちろん10月7日にイスラエルで起きたことは、テロということで異論はありません。その上で、イスラエル側の犠牲者数は、下方修正されましたよね。さらに最近の調査によると、犠牲となった1200人の中に市民がどれだけいたのかも、検証の余地があるようです。

内藤　あの音楽祭での死者には、イスラエルのヘリコプターに撃たれた人もかなりいるのではないかというのが、後でイスラエル側の報道でも出てきました。

三牧　そうですね。でも仮に1200人だとしても、ガザではもうその十倍以上ものパレスチナ人が殺されています。「テロとの戦い」の「コスト」については、米ブラウン大学ワトソン研究所がさまざまに調査した「戦争のコスト（コスト・オブ・ウォー）」プロジェクトがあります。アメリカの戦争研究者の良心を表す研究だと思いますけれども、これによると、全世界でアメリカは、94万人をさまざまな形で巻き込んで殺してきたということです。そしてその中に43万人超の市民がいるだろうという調査結果でした。

これほど膨大な犠牲を「テロとの戦い」、すなわち、「正義の戦い」によるものだから、「付随的な被害」と正当化することはできないでしょう。絶対的な被害者の数という重みをまず率直に見つめるべきです。均衡性の原則があまりにも無視されています。

内藤　そう。あまりにディスプロポーショナル（不均衡）です。あまりにも圧倒的な力で、相手を叩きのめしてはいけない。戦争する時もそういうルールはあるわけで。アメリカはそれをまったく無視している。「民間人犠牲」を英語で言うと、コラテラル・ダメージ、付随的犠牲ですよね。しかし、人の命に「付随的」なんて理屈は通らない。通らないのに、アメリカはまだ使っている。アフガニスタンでもイラクでも使っていましたよね。民間人の犠牲は最小にしなければいけないと。それをコラテラル・ダメージだと言っているわけですけど、これは、タリバンがものすごく反発した点です。「人の命にコラテラルも何もあるか」と。

三牧　しかもそれが数十万人もいる。「付随」でも「やむをえない犠牲」でもない。

内藤　たとえば「民主化を達成するための尊い犠牲」などということも、いい加減にしなさいと思うのです。はっきり言って、アメリカのその理屈って、全然通ったことがないんですよね。ベトナム戦争だって負けましたし、それ以降の湾岸戦争、アフガニスタン侵攻、イラク戦争、すべて失敗だったわけです。

　この間に、中国はほくそ笑んでいるでしょう。戦争のコストがかからないで動けるわけだから。中国は今のところ、そういう戦争はしない。アメリカには、わざわざ「敵」を利するようなことをしているという自覚がないようです。

反ジェノサイドが「反ユダヤ」にされる欧米の現状

内藤　ヨーロッパはもう手いっぱいでしょう。ウクライナで手いっぱいになっているところに、ガザが出てきたから、対応のしようがない。ＥＵも、今回分裂しましたよね。アイルランドやスペインは昔から親パレスチナですけれども、そういう意味での分裂というよりも、むしろ言説の世界で分裂している。

三牧　そうですね。現在アメリカでは、ガザでイスラエルがやっている軍事行動を「ジェノサイド」と呼ぶと、「反ユダヤ主義」とみなされて大変な批判を浴びる状況になっています。イスラエルが国家と国民を守るために必要な措置を取ることを否定するということは、国家としてのイスラエルを否定する、つまりは、ユダヤ人の命を否定するものだという論理です。どう考えてもおかしい。それがまかり通っている異常な状態です。

アメリカの大学では今、「パレスチナ解放」という主張すら、「反ユダヤ主義」的言説だとして取り締まられます。この動きは国家的なものとなりつつあります。２０２３年12月、下院の教育労働委員会で公聴会が開催され、議員たちが、ハーバード大学、マサチューセッツ工科大学（ＭＩＴ）、ペンシルベニア大学の学長に対して、大学キャンパスで「反ユダヤ主義」言動がきちんと取り締まられているかどうか、厳しい追及を行ないました。「ユダヤ人のジェノサイドを呼びかけること」が大学の行動規範に反するかどうかを問われ、学長たちは、キャンパスの行動規範と言論の自由を天秤にかけて「文脈による」と回答したのです。この回答が、「ユダヤ人のジェノサイド」の呼びかけを容認している、「反ユダヤ主義」と明確に相対峙していない、と政界や社会から大きく非難されました。ホワイトハウスもまた、「大量虐殺を呼びかけることは、とんでもないことであり、国として我々が体現するあらゆる倫理のすべてに反している」と学長たちを厳しく批判する声明を出しました。公聴会から数日後にペンシルベニア大学のリズ・マギル学長が辞任し、ハーバード大学のクローディン・ゲイ学長の辞任を求める圧力も強まりました。留任を求める多くの嘆願もあり、いったんは理事会が留任を決めました。

もっともこの公聴会が、本当にマイノリティであるユダヤ人の人権や安全への憂慮に基づいて開催されたかも、相当に疑問符がつきます。というのも、この公聴会を取り仕切ったのは、共和党議員で下院ナンバー3の地位にあるエリス・ステファニク議員。彼女は、「ユダヤ人が陰謀を企んで、移民を大量にアメリカに送り込み、社会におけるマジョリティたる白人を有色人種に置き換えようとしている」と、「大置換理論（グレート・リプレイスメント・セオリー）」と呼ばれる露骨な反ユダヤ主義と人種差別を内包したトンデモ陰謀論への支持を公言してきた人物なんです。また彼女は、トランプ前大統領の熱烈な支持者の一人で、トランプが大統領職にあった時、反ユダヤ主義的な言動で物議をかもしてきたラッパーのカニエ・ウェストや、ホロコースト否定論を公然と掲げる白人至上主義者ニック・フエンテスと食事をした際には、そうした大統領の振る舞いが「反ユダヤ主義」を勢いづかせるのではないかという懸念をまったく示さなかった。完全なダブルスタンダードです。

ですから、今、アメリカで起こっているのは、反ユダヤ主義的な思想の持ち主が、「反ユダヤ主義を取り締まらなければならない」と、社会、とりわけリベラルな大学に対して監視の目を光らせ、「あなたたち、ユダヤ人学生を守っていないでしょう、キャンパス内の反ユダヤ主義を取り締まってないでしょう」と言って、リベラルな学長を突き上げる、そういう異様な事態なのです。２０２３年10月７日以降のアメリカで掲げられるようになった「反ユダヤ主義の取り締まり」は額面どおりに受け取れるものではない。特定の意図を持った政治スローガンとして見るべきでしょう。

議会の異様な動きは、公聴会での学長の吊るし上げに止まりませんでした。公聴会から１週間後、下院は、キャンパスにおける「反ユダヤ主義」の台頭に責任を負っているとして、ハーバードとＭＩＴの学長に辞任を求める決議案を可決しました。寄付者からの圧力も強まりました。ハーバードに５０００万ドル寄付してきた投資家のビル・アックマンは、ゲイ学長への辞任要求を強め、留任への支持を表明した理事も辞任すべきだと主張し始めました。これまでハーバードに少なくとも２億７０００万ドルを寄付してきた資産家レン・ブラバトニクの一族が運営する財団も、寄付を一時停止しました。確かにハーバードは510億ドル規模の寄付基金と毎年10億ドルもの寄付金に支えられていますが、昨今はコスト増にも苦しんでいます。その後、ゲイ学長の学術論文に盗用疑惑も持ち上がり、いよいよ圧力も強まる中で学長は2024年1月に辞任を発表しました。

辞任したゲイは、ニューヨーク・タイムズ紙への寄稿で「これは、（大学という）アメリカ社会の中核への国民の信頼を壊そうとする、より広範な戦争の一局面にすぎない」と述べました。なお、論文盗用疑惑は否定しています。ゲイ学長の辞任を受けて、公聴会を取り仕切ったステファニク議員は、「二人打倒した」とSNSに投稿しました。

学術論文に関する盗用疑惑は重大問題です。しかしだからこそ、その調査は、ゲイ学長への政治的・社会的な圧力が高まっている最中に、性急に進められ、決断されるべきではなく、専門家が時間をかけて行なうべきであったのではないでしょうか。今回の学長たちの辞任劇が、大学の独立性に投げかける問いは大きい。政治が大学人事にあからさまに介入した。本来、大学を政府介入や市場原理から守るはずの寄付も、複数の大口寄付者がその気になれば、大学の独立を根本から脅かす可能性を秘めていることも明らかになりました。今のアメリカでは、イスラエルを批判することはおろか、パレスチナ人の犠牲に配慮を見せることすら、政財界に敵視され、苛烈な攻撃にさらされるリスクなのです。

ドイツでも、マーシャ・ゲッセンという、ハンナ・アーレント賞を受賞したロシア生まれのユダヤ人の作家が、最近のザ・ニューヨーカー誌で発表した「ホロコーストの影で」という論考で、ガザにおける強制移住状態をナチス・ドイツの時代のユダヤ人ゲットーになぞらえたところ、緑の党のハインリヒ・ベル財団など一部のスポンサーが支援を取りやめるなど、非常に強い圧力がかかり、賞の取り消しには至らなかったものの、授賞式が延期され、規模も縮小されることになりました。なお、ゲッセンの家族にはホロコーストの生存者がいます。

ゲッセンはまっとうなことを言っています。ナチスの罪について真摯に学び、償うという本来誇るべきドイツの文化が、イスラエルのどんな非道な行ないをも正当化し、どんなことがあってもイスラエルを支持するという硬直したものになっている、と。もっとも重要なことは、ガザの虐殺とホロコーストの違いは、前者は今、起きていることで、まだ止められるということ。彼女自身、自分の論考を発端に起こりうる論争というのは、当然予測していたわけですが、「過去に起きたユダヤ人のジェノサイドは、もう取り返しがつかないけれど、ガザの虐殺はまだ止められる」と決意し、勇気ある発言をした。しかし予想されていたものとはいえ、寄せられた批判は想像以上のものでした。

ドイツによるホロコーストの反省、というものも、今、真剣に問われています。今のドイツには、イスラエルが国家存立のために取る行動を批判することは、「反ユダヤ主義」だという言論統制に近い状況が生まれている。かつてユダヤ人の命を大量に奪ってしまった過去を持つ自分たちは、決してイスラエルの安全を脅かすようなことをしてはならない、と。現実には、「自衛」といった言葉では到底正当化できない軍事行動で、大変な数の犠牲者が生まれているのに、その現実から目を背け続ける。そういう態度を取ることで、現在進行形で起きているガザでの虐殺を容認し、さらには後押しすらしているのに。内藤先生もずっと問われてきたことですが、「自由、寛容」と言ってきた欧米社会で、今、自由や寛容がどんどんなくなっている。それがイスラム教徒の自由や、イスラム教徒への寛容の問題となると、平気でこれらの価値が放棄される。奪われているのが、白人やキリスト教徒ではなく、有色人種でイスラム教徒の命や自由であれば、ここまで冷淡に、無関心になれるのか。考えてしまいます。

内藤　本当にそうです。たとえば今、ドイツでも「フリー・パレスチナというのは、ハイル・ヒトラーと同じだ」というようなことを言うラッパーが大層な人気を博している。保守系の新聞「ヴェルト」なんかに出てくるんですね、堂々と。

　また「川から海まで（From the River to the Sea）」というのは、ヨルダン川から地中海までという意味で、パレスチナの自由を表すスローガンですけども、これを「ハマスを支持する者になるから、大学の中で言ってはいけない」と禁じている大学は、今、ヨーロッパのあちこちにある。

三牧　まさにアメリカの大学の状況と同じですね。

内藤　そうでしょう。カナダですらそうですから。ドイツでは「これはハマス即ち、テロ組織を支援する表現とみなす」と。異常ですよね、そんなことを堂々と言うのは。だって、川から海までと言っているのは、実際、ヨルダン川西岸のところから地中海まで、本来のパレスチナの領域を言っているだけなので。

三牧　ふだん「自由、寛容」と言っている国々で、ですよね。

内藤　そうなんですよ。自由、寛容、人権、デモクラシー、そのすべてにおいて、欧米はあまりにもダブルスタンダードです。

三牧　先に紹介したゲッセンは、ステファニクのような、反ユダヤ主義的な人間が「反ユダヤ主義との戦い」の急先鋒にいること、多様性を大事な価値として追求してきたリベラルな教育機関を「反ユダヤ主義と対峙していない」と攻撃していることの意味をよく考えるべきだと警鐘を鳴らしています。反ユダヤ主義の妄想の中にいるステファニクのような人間は、アイビーリーグをカネで操っているのは富裕なユダヤ人たちだと考える。だから、ユダヤ人たちのアイビーリーグへの不信を増大させ、彼らの寄付金を取り下げさせて、アイビーリーグを弱体化させる。そうやって、差別主義と戦い、社会の多様性を促進させようとしてきた教育機関の試みを頓挫させる。つまり、アイビーリーグの学長たちを吊るし上げた公聴会とは、ステファニクにとって、反ユダヤ主義を含む差別主義を温存させようとする試みだというのです。鋭い洞察です。

この公聴会がすでに示すように、アメリカ政治社会の言論弾圧の風潮は相当なものになっています。下院にはラシダ・タリーブという唯一のパレスチナ系の議員がいて、当初から停戦を主張してきました。彼女は一言も、イスラエルの国家としての存続を否定したこともないし、ハマスによるテロも支持したことはない。

彼女の主張は、ハマスに対するイスラエルの攻撃があまりに多くの市民を巻き込んでいる、アメリカはイスラエルの「自衛」と何でも許容するのではなく、その実態をきちんと見て、パレスチナ市民を守る方向に、つまりは停戦へと動くべきだ、というものです。ところが、彼女がアメリカの対イスラエル政策の軌道修正を求めて投稿した動画に、「川から海まで」と叫ぶ人々が登場していたことが、「イスラエル国家の破壊を示唆した」、さらには「ユダヤ人への大量虐殺を示唆した」と問題にされました。タリーブは、そのような意図ではなく、パレスチナ人の自由、人権、そして平和的な共存を求めているだけだと説明しましたが、共和党の主導でタリーブを、「イスラエル国家の破壊を呼びかけ、危険なまでに誤った物語を広めた」と問責する決議案が提出され、民主党の議員も賛同して、可決されました。

パレスチナ系の若い女性が議員に当選し、活発に政策を議論できる。タリーブの存在は、アメリカの多様性を象徴していました。しかし今回の一連の顚末で、その多様性が結局、非常に限定的なものであることが明らかになりました。つまりアメリカとイスラエルとの「特別な関係」に波風を立てるような言動は、どんなに正論でも許容されえない。「反ユダヤ主義」として取り締まられる。

10・7が起きるまでは、民主党の中でも若い議員を中心に、「イスラエルがガザやヨルダン川西岸でやっていることは、かつて南アフリカの白人政権がやっていたアパルトヘイトと同等のことだ」とイスラエルを「アパルトヘイト国家」とみなす言論が力を得ていました。しかし、10・7の後は、「イスラエルを批判することは、ハマスというテロリストに利することである」「イスラエルが国家の自衛のために取る行動を批判することは、イスラエルの存続の否定、つまりは反ユダヤ主義である」という言論が支配的になり、イスラエルに対する正当な批判ですら、「反ユダヤ主義的」だと取り締まられることになったのです。

拡大解釈される付随的被害

三牧　本当にこのおかしな状況は、ヨーロッパとアメリカ双方に蔓延しています。それにしても先ほど先生がおっしゃった、「コラテラル・ダメージ」。この言葉、異常ですよね。

内藤　異常ですね。

三牧　ドローン攻撃には「ダブルタップ」という、人権団体から国際人道法に違反していると指摘されている攻撃があります。これは、まず武装勢力を一次攻撃したら、攻撃を受けた人間を援護したり、救助に来た武装勢力と目される人たちを対象に、同じ場所に2回目の攻撃するのです。効率的に敵を掃討できるということで、あえて2回攻撃するんですね。

ですが、ドローンによる爆撃が起きた時に、近くに寄ってくる人がみんな武装勢力かは、確認されていないわけです。そのため、市民が犠牲になった場合には「付随的被害」と言うんですけど、それを避ける努力をまったくしていない。付随的被害が生み出されて当然の攻撃をしてきました。

あとは「シグネチャーストライク」という攻撃についても、国際人道法違反だと指摘されています。これは、ある人物について、テロ組織に関わっているかどうか確認されていないけれど、「テロ組織の人物であると考えられる行動パターン」に即していると分析されると、その人に対し攻撃するやり方です。でも、そのような「行動パターン」にあてはまったからといって、本当にテロリストかどうかはわからないですよね。事実、大量の誤爆が起きてきましたが、アメリカではそれも「付随的被害」と処理される。そういった国際人道法をその精神から踏みにじるような軍事行動を、アメリカはずっとやってきました。

さらに今回、イスラエルの軍事行動における問題として指摘されているのは、ＡＩによる標的の自動的な検出です。今までは「ここにハマスがいそうだ」ということを手作業で検証して攻撃していたのが、ＡＩの導入により、ハマスが潜伏していると見られる場所が1日に１００ほども特定されるようになり、攻撃も質より量、すなわち、攻撃の精度より、どれだけ多くの標的を攻撃できたかに変わっていきました。また、今回の軍事行動の目標に「ハマス壊滅」が掲げられたことで、民間人の巻き添え被害への心理的ハードルも下がっている。イスラエルの調査報道メディア「＋９７２マガジン」が市民メディアと共同で、イスラエルの現役・退役した軍情報関係者への取材を行なったところ、従来、ハマスの高官を一人殺害するために巻き添えで許容されうる民間人死者は数十名だったところが、今や数百名にまで引き上げられているといいます。つまり、そもそも多くの市民が巻き込まれることを想定し、それを許容した軍事行動が展開されてきているのです。こんな攻撃が、「テロリストを壊滅させるため」という一言で簡単に正当化されてしまう。何のために国際人道法があるのか、その根本を疑わせるような事態が実際に起こってきました。

内藤　法がないんですよね。

三牧　無法になっているわけですよね。イスラエル軍は、「病院を攻撃してはいけない」とする国際人道法を無視した攻撃をしてきました。確かに、国際人道法も、明確に武装勢力に使われている場合など、非常に限定的なケースにおいて病院への攻撃を認めていますが、イスラエルの場合、まず病院を攻撃し、多くの人を死や危険に追いやってから、その後、自分たちの行動は、その極めて限定的なケースにあてはまるというようなことを、はっきりした根拠も示さずに主張している。

イスラムの戦争法

内藤　法の観念で言うと、今までいろんなところにも書いてきたけど、イスラムの法には戦争に関してもいろいろな規定があって、信徒の共同体の存亡がかかっている場合、成人の男性は戦闘員として戦わなければならない。これはジハードです。

ただし、女性と、子ども、高齢者は戦闘員になりません。一方、戦時国際法の規定というのは、「民間人なのか、軍人なのか」で分けていますよね。非戦闘員に対するその規定というのはジュネーヴ条約でも決まっていると。ところが、イスラム法はそうではないのです。「男か女か」で決まっているわけで、まず女性は戦闘員として扱えないし、攻撃してもいけない。もちろん子どももダメと。それを殺した場合というのは、コラテラル・ダメージなんてものじゃないんですよね。これは最悪の罪になるわけです。だから、そもそも法の根本構造が違っている。でもそういうことを欧米側は理解していないし、あるいは理解しようとしない。

別にガザがイスラム法に支配されているわけではありませんけど、やはりムスリムの頭の中にはイスラム法がある。だから今回、なんであんなに子どもの死体の映像を出しているかというと、とんでもなくありえないことだという共通認識を持っているからです。世界はそこを軽視してはいけない。

三牧　欧米でイスラエルを擁護し続ける人々は「ハマスがイスラエル人の赤ちゃんの首をはねた」という不確かな情報については、それから数カ月経ってもあれだけ非道さを糾弾しながら、毎日ニュースで流れてくるパレスチナ人の子どもの死体や傷ついた体、親やすべてを失って悲しむ姿をどう見ているのでしょう。どちらに対しても怒る、反対するというのであればわかりますが。

内藤　私は、ハマスがイスラム過激派なのはそうだと思うんですけど、イスラム過激派なら赤ちゃんの首ははねられない。それは無理ですね。きちんと物的証拠を出すことが必要だと思います。今はほとんどハマスを悪魔化するために何でも言いたい放題になっているように見えます。

三牧　本当にそうですね。子どもに関してもダブルスタンダードですし、女性に対する性暴力についても、ハマスによる性暴力を「人道に対する罪」とまで批判しておきながら、ガザの女性たちが今、イスラエルの軍事行動や物流の制限によって奈落の底に落とされていることについては、関心を向けようとしない。

内藤　ハマスの攻撃は実質的に10月7日、あの日、1日でしょう。あれからもう3カ月近く。そこから先はほぼ全部イスラエル側の攻撃なんです。10月7日以降は、もう二度と越境して、ああいう攻撃をしていない。

アメリカとイスラエルの共犯関係

内藤　報道のミスリードに関してなんですが、イスラエル側のメディアというか、出てくる映像の中に、半分裸になって、集団で投降したハマスの戦士がいましたけど、いかにも嘘くさい。なぜなら、ハマスはガザの人です。覆面を取って軍服を脱いでしまえば、市民と区別がつかない。だからイスラエルは市民ごと攻撃しているわけで。なにもあそこで、服を脱いで半分裸になって降伏しましたって、あんなことをするのは不自然です。

しかも、病院か何かの職員を、ハマスの戦闘員が降伏したところに見立てたようですが、インチキがばれていることを、イスラエルは自覚できていない。我々が見たって、どうして裸になってから武器を置いているのか疑問です。逆でしょう、武器を置くのが先でしょう、降伏するんだったら。

三牧　ヨルダン川西岸でも、10月7日以降、数百人のパレスチナ人がイスラエルに殺害されてきました。しかも、アメリカ人も移住者としてヨルダン川西岸の入植地に入っているんです。

６万人ほどいると推定されています。そもそもこの土地とはまったく関わりのない人たちも多く、大部分は、中東戦争以降に移り住みました。イスラエルにやってきた動機は一様ではありませんが、イデオロギー的な理由が大きいといわれています。つまり、ヨーロッパから移り住んだ移民たちによる植民地の建設に始まったアメリカ建国の歴史と、ヨルダン川西岸における入植計画に、ある種の類似性を見出し、新天地に理想郷を打ち立てよう、という意欲に燃える人々が多くいるというのです。しかし、17世紀以降、ヨーロッパから移民がやってきた時の北米大陸には、すでに住民がいました。それと同じく、ヨルダン川西岸にはパレスチナ人が歴史的に住んできたのです。そうした土地をまっさらな「無主の地」とみなし、さらには神が自分たちに与えた「約束の地」とみなして、暴力的な入植を進める。ここにもアメリカとイスラエルの類似性の証左があると思います。

　ヨルダン川西岸への入植については、トランプ政権とは異なり、バイデン政権は批判してきましたが、実際には、多くのアメリカ人が入植地に移住している。２０２３年12月５日、バイデン政権はヨルダン川西岸で暴力的な入植を行なっているイスラエル人に対し、ビザを発給しないと表明したのですが、何ら抑制になっていない。［補足：アメリカ政府は、２０２４年２月２日にイスラエル人入植者４人に制裁を科した。さらに、同月23日に入植について国際法と整合的ではないと表明した。］

内藤　ブリンケンがそれを表明した時に、何を言っているんだろうと思ったんですけど。

三牧　入植地で暴れているイスラエル人は、アメリカに行こうとも思わないでしょうし、行けなくても別に困らないでしょう。また入植地で暴力を働いているアメリカ人に、この措置は効かない。

アメリカでもっともイスラエルを強硬に支持しているのは、国民の4分の1ほどいると言われている、キリスト教の福音派（エバンジェリカル）と呼ばれる人たちです。福音派は、聖書に書いてあることを言葉どおりに信じる人たちで、「神がイスラエルをユダヤ人に与えた」と信じています。なお、トランプ政権の副大統領を務めたマイク・ペンスは熱烈な福音派であり、強固にイスラエルを支持してきました。ガザ危機については、バイデン政権のイスラエル支持すら「弱腰」だと批判し、2024年1月に自らもイスラエルに入り、「イスラエルはアメリカにとってもっとも大事な同盟国だ」と激励。レバノン国境付近でヒズボラと戦うイスラエル軍と合流し、ミサイルに「イスラエルのために」とサインしたと伝えられています。福音派といえば、中絶を胎児の命を奪う「殺人」とみなし、強固に反対している人たちです。それが、人の命を奪うミサイルにサインするとは、まさに「命」に関する主張のダブルスタンダードといえるのではないでしょうか。

さらに福音派がイスラエルに与えてきたのは、道義的支援だけではない。入植活動のための基金への寄付などを通じ、金銭的にもイスラエルの入植活動を支えてきましたし、入植地でボランティア労働を提供する者もいる。また、共和党のトランプ政権時代に、大使館のエルサレムへの移転や、入植地について容認的な政策が追求された背景には、福音派の支持を得ようとする動機があったと見られています。

アメリカでは、福音派よりむしろユダヤ系のほうが、イスラエルに対して複雑な感情を持っていて、その入植政策には批判的ですらあります。2021年のピュー・リサーチ・センターの世論調査によれば、イスラエル政府が、パレスチナ人との和平に向けて真摯に努力していると考えているユダヤ系アメリカ人は3分の1しかいませんでした。同年のユダヤ人選挙民研究所の調査では、25%がユダヤ系アメリカ人がイスラエルを「アパルトヘイト国家」とみなし、さらには22%が「イスラエルはパレスチナ人に対してジェノサイドを行なっている」という意見に同意しました。

とりわけ年齢が若いユダヤ系にこの傾向は顕著で、40歳以下だと、3分の1以上がイスラエルの行為はパレスチナ人に対する「ジェノサイド」とする意見に同意しています。また支持政党については、よりイスラエル寄りの政策を取るから共和党支持、という単純な話ではなく、むしろ民主党を支持するユダヤ系のほうが多い。その背景にはさまざまな理由がありますが、かつて迫害された経験から、マイノリティ擁護をしっかり打ち出し、大きな政府を志向する民主党のほうが、価値観の共鳴するところが大きい、というのがあります。ただ、これも10・7を経て、どう変わっていくかは未知数です。ガザ市民の犠牲が大きくなっても、ユダヤ系の大多数がバイデン政権のイスラエル政策を支持し続けています。ただ、彼らは、福音派とは違って「イスラエルがやることは何でも正しい」という立場ではないので、今後、この立場も、とりわけイスラエルのパレスチナ政策に批判的な若者層から変わっていく可能性もあります。

内藤 また力を持ってきている？ ２０２４年の大統領選挙に向けて。

三牧 福音派はやはり共和党の重要な票田で、強固なイスラエル支持に加え、中絶反対など、アメリカのさらなる保守化を志向しています。しかし、全面的なイスラエル擁護にしても、中絶制限にしても、国際社会の大勢に逆行しており、アメリカを孤立させるものです。

イスラエル支持を表明した欧州委員長

三牧 「人権」「法の支配」を掲げてきたＥＵも、イスラエル支持をいち早く表明し、支持し続けています。ガザ市民の犠牲が増える中でも支持を変えていないフォンデアライエン欧州委員長はじめ、今回はかなり迷走しているのではないでしょうか。この間、ドイツのベアボック外相とイギリスのキャメロン外相が「持続可能な停戦」に関する提案を連名で出しましたが、すでに国際社会の圧倒的多数の国が、あまりにガザ市民の犠牲が多くなっていることを憂慮し、即時停戦を求めている中で、「持続可能な停戦」を提案するというのは、結局、「ハマスの壊滅」を掲げるイスラエルの軍事行動を暗に支持するものにしかならない。にもかかわらず、新しいワードを出して、あたかも人道的なことを言っている風を装うのが、むしろ姑息だと感じました。

内藤　わずか10分ぐらいだったけれど、ドイツのハベック副首相の動画でのメッセージが、すごく評判になったんです。発言の要旨を述べると、こういうことです。

「ハマスは殺人テロ集団であって、抵抗運動と評価してはならない。ハマスはイスラエル国家を否定し、すべてのユダヤ人の抹殺を図っており、かつ、ハマスはイランとも組んでいる。したがって、ハマスに同調したり、パレスチナ支持をしたり、イスラエル国旗を焼く者でドイツ国籍を持つ者は訴追され、国籍を取得していない者はドイツから追放されることを覚悟しろ」

ちょっと常軌を逸していますよね。ここまで正面切って「あなたたちはダブルスタンダードだ」と言われてもしようがない欧米の姿勢があらわになっているのは初めてだと思うんですよ。

三牧　はい。まったく同感です。

内藤　三牧先生も指摘されたとおり、ＥＵはフォンデアライエン欧州委員長が非常に前のめりでイスラエルを支持しましたけど、彼女は以前ドイツの国防大臣だった人です。彼女の姿勢を問題にしたのは、ＥＵのシャルル・ミシェル大統領と上級外交代表で外務・安全保障担当のジヨセップ・ボレルでした。彼らを差し置いて、フォンデアライエンが「イスラエルと共にある」みたいなことを言ったこと自体、異様でした。

安定期に入っていた中東世界で取り残されたガザ

内藤　さて、我々は今回の衝撃があまりに大きいものですから、これまで中東・イスラム世界で何が起きていたかということを見過ごしていると思うんです。2001年の9・11後のアフガニスタン侵攻、それから2003年のイラク戦争もそうです。その後、2010年末から2011年春にかけていわゆる「アラブの春」と言われたアラブ中東諸国での一連の民主化の動きがありました。しかし、全部潰されましたよね。一定の民主化を果たしたのはチュニジアぐらいで。ただ、チュニジアも現在は完全に大統領の独裁に戻ってしまいましたが。

今、このガザ問題では、エジプトのシーシー大統領は仲介役の善人として振る舞っていますが、彼は「アラブの春」の民主化で誕生したイスラム主義のムスリム同胞団の政権をクーデタで潰し、政権を取った本人です。その時に抵抗したモルシー元大統領支持派をテロリストだと断定して、多くの人を犠牲にしています。実はハマスも元はこのムスリム同胞団の流れを汲んでいますので、ハマスも、エジプトにとっては本来認められない「テロ組織」なのです。しかし、ガザは陸路で外に出られる外国がエジプトしかない。あとはイスラエルに全部包囲されているので、さすがに今の状況では、アラブの国として役割を果たさざるをえない。それでも、ガザの人間をシナイ半島側に受け入れることは断固として拒んでいます。

ハマスの政治部門の指導者イスマーイール・ハニヤは２０２３年12月20日に、エジプトに停戦交渉のために行きました。つまり、ハマスのトップをエジプトが入国させているんですね。以前は「ムスリム同胞団はテロ組織だ」と主張し徹底的に一掃したのに。この姿勢の変化には、２０１３年のクーデタから10年経って、中東の中での関係が変わったことがあるでしょう。

新型コロナウイルスのパンデミックを経て「アラブの春」以降の混乱と衝突をおさめる方向になっていたんです。パレスチナを除いては、ですが。それまでの混乱の経緯を少しお話しします。

まず大きな対立軸としてはサウジアラビアとシーア派のイランの関係が挙げられます。２０１５年以来内戦に陥ったイエメン情勢をめぐっては、暫定政権側をサウジアラビアとＵＡＥ（アラブ首長国連邦）が支援して、ＵＡＥはまたもう一つ別の勢力も支援したのですが、イランがそれらに対抗するフーシ派を支援するという構図がありました。イエメン内戦は、双方の代理戦争のようになってしまった。その余波を受けて、サウジアラビア、バーレーン、ＵＡＥ、エジプトは、イランとの関係を断たなかったカタールと断交したのです。

カタールが、シーア派のイランと国交を維持しているだけではなく、「テロ組織」とされたムスリム同胞団をかばっているのが気に入らないという事情もありました。実際、ハマスのハニヤもカタールにいましたし、アフガニスタンのタリバンもカタールに事務所を構えていました。

続いて「アラブの春」の民主化運動が飛び火したシリアでは、2011年からバッシャール・アサド政権が徹底的に反政府運動を弾圧したことから凄惨な内戦と人道危機状態に陥りました。

その結果、600万人ものシリア難民がトルコ、レバノン、ヨルダンなどの近隣国に逃れ、そこからまた一部がヨーロッパに流れて、ヨーロッパ難民危機を引き起こしたのが、2015年のことです。

ところが、こうした混迷の状況がパンデミックの最中になぜか和解に向かうのです。私も不思議だったのですが、どうやら「もうやめようや、つまらないことで争っていないで、お互い商売しよう」という方向に向かっていった。そこで、イランとサウジアラビアも和解したし、トルコ、カタールとサウジアラビア、UAE、エジプト、バーレーンも一挙に和解して、ちょうど2022年にカタールでサッカーのワールドカップが行なわれる頃には、もうサウジアラビアから何から、みんな来ていました。

もう一つ注目される動きがありました。トランプ政権時のアメリカの「アブラハム合意」です。これはＵＡＥとイスラエルの国交を回復させるプロジェクトでした。現在はバーレーン、スーダン、モロッコとも合意しています。イスラエルとアラブ諸国に経済的な結びつきができれば、パレスチナ問題や中東情勢におさまりがつくのではないかという、いかにもトランプらしい大胆なまでに雑なことを始めるわけです。

そういう中で、やっぱりガザだけは取り残された。ガザの人々は「ＰＡ（パレスチナ暫定自治政府）というのはイスラエルの下請けにすぎない」とよく言います。下請けに統治されるぐらいなら、ハマスを支持したほうがマシだと思うガザの人は少なくありませんでしたから。

２０１０年代の混乱が、パンデミックを経てなんとなく和解ムードになっていって、後に残ったのはガザのハマスだけだったんです。ハマスはもう我慢し切れなくなったんでしょうね。

これが10・７に至るまでの中東情勢の流れです。ところが、紛争が始まってみると、ハマスがこの後２カ月以上にわたるイスラエルの猛攻に耐えているために、アラブ世界やイスラム世界の目をガザに向けさせ、動かしてしまったのです。無論、それは市民の膨大な犠牲の上に立ったものですが……。

極右が反ユダヤ主義を批判するフランス

内藤　一方、ヨーロッパでは、パンデミック中の２０２２年２月に、ウクライナへのロシアの侵攻が始まって戦争になる。ヨーロッパ諸国は、フォンデアライエン欧州委員長をはじめとして、「これは自由と民主主義のための戦いだ」と言って多額の支援金拠出を始めました。

ウクライナをめぐっては「自由や民主主義を守るのだ」と言っておきながら、先ほど三牧先生が言われたとおり、イスラエルが非人道的な行為を行なっているのは明らかなのに、ガザの問題になるとやはり批判できない。だから、10・7以降2カ月ぐらいの間、EU関係者が何か言う時、あるいは、EUの主要な加盟国が何か言う時は、「イスラエルには自衛権がある」と、その繰り返しなんです。そのあまりに過剰な自衛権の行使に対して批判を口にしたのは、スペイン首相のペドロ・サンチェスぐらい。

それでも、アメリカが拒否権を使い否決された2023年12月8日の安保理ガザ即時停戦決議案には、フランスは賛成していましたね。西欧の常任理事国の中でフランスは唯一賛成。同じく常任理事国のイギリスは棄権でしたよね。2024年2月20日の安保理でも同じでした。

この賛成をもってフランスが良識を示したように見えるものの、国内の動きを見ると楽観はできません。あの国で伝統的に極右とされてきた国民戦線（フロント・ナショナル）のジャン・マリー・ルペンという人物がいますが、その娘のマリーヌ・ルペンが前回のフランス大統領選から、国民戦線を「国民連合」と改称し、極右色を薄めて大統領の座を狙っています。

しかし父親ルペンは、かつて、「ユダヤ人のホロコーストなんてささいな話だよ」と発言をして大問題になり、さすがにマリーヌが父親を除名したというほど、根っからの反ユダヤ主義。マリーヌのほうも少し前まで政治的にはその系譜を受け継いでいたのに、今回なんと、彼女はイスラエル支持のデモに参加しているのです。極右のマリーヌが反ユダヤ主義を批判するデモに現れた。これはどういうことなのか？　マリーヌは、「自分は父親とは違う」「私はイスラエルの側に立っている」と言っているんですが、マリーヌがそんな反ユダヤ主義を批判する側に立つなんていうのは、到底信用できないという人も多く、これはフランスの中でも混乱を生じさせました。

かたやフランスの中で極左と言われている、左翼党のジャン・リュック・メランションは、パレスチナの状況というのは、どう考えたってあれは帝国主義と植民地主義の遺産なので、そんなイスラエル擁護の反ユダヤ主義デモに連なって出ることはないと立場を明らかにしました。ですが、メランションはそのために、フランス国内で批判を浴びています。

このような情勢下、マクロン大統領はどうしたかというと、停戦決議には賛成していますけれども、移民に関しては、ものすごく厳しく規制をする法案を通しました。イスラム教徒の移民や難民などに関しては、もともとフランスは非常に厳しい。

さらに言えば、今回のことがあって、ユダヤ教の指導者との交流を深めていて、エリゼ宮でユダヤ教の宗教的な儀式まで行なった。あの国はご存じのとおり、ライシテといって、公共の場に宗教を出してはいけないという大原則があって、イスラム教徒には公の場でイスラムを表に出すなと命令し続けてきたのです。ところがガザでの戦闘が始まると、エリゼ宮でユダヤ教の儀式をやっているわけでしょう。いったいライシテはどこに行ったんだと思いますね。

片やイスラム教徒の移民に対する規制をし、片やイスラエルに対しては停戦を。八方美人じゃないですか、マクロンのやっていることは。かなり支離滅裂です。そもそも2020年に、マクロンは、「イスラムは世界中で危機的な宗教だ」という発言をした人物ですからね。その発言で、当時、フランス製品がイスラム圏諸国からボイコットの対象になった。反ユダヤ主義は許さないが、反イスラム主義は正しいと言っているようなものです。

ドイツは「反ユダヤ主義」を克服できたか

内藤　奇妙なのがドイツで、先ほど紹介したように、緑の党のハベック副首相はとても元が左派政党だったとは思えないことを言いましたよね。パレスチナ支持を表明する者にはドイツに居場所を与えないと言うのですから、言論に対する完全な封殺に他なりません。どうしてそれが正当化されるかというと、そうした主張は「反ユダヤ主義だ」ということにしてしまったからです。

一方、トルコのエルドアン大統領は、「私たちに負い目はない。反ユダヤ主義というのは、ヨーロッパのあなたたちの問題でしょう」と2023年11月にドイツのショルツ首相との会談できっぱり発言しました。

歴史をひもとけば、15世紀、16世紀にかけてイベリア半島で迫害され追い出されたユダヤ人を受け入れたのはオスマン帝国です。反ユダヤ主義とか反ユダヤ感情は、元々イスラム教徒にはないんです。「反ユダヤ主義」と言われても、何のことを言われているのかわからない。国家としてのイスラエルとシオニズムは嫌いますけど、「ユダヤ人だから嫌いだ」という感覚は、どう考えてもヨーロッパのものです。

ハベックの演説を続けて聞いていると、ホロコーストから80年経ったドイツで、いまだにユダヤ人がおびえて外出もできない、スポーツクラブにも行けない、子どもは学校にも通えないって言っているんです。そういう反ユダヤ主義って、ドイツ人の問題なんです。ところが、ハベックは話をすり替えている。ドイツにいるイスラム教徒の反イスラエル・反シオニズム感情が反ユダヤ主義だと言うのです。それによって、ドイツ人の手はクリーンになったと言いたいのでしょうか。

ハベックが言っている反ユダヤ主義とは、自分たちドイツ人のことではありません。しかも、注意深く聞いていると、彼らは結局、反イスラムを主張している。ユダヤ人に対する感情を出さなくていいんですよ。移民のトルコ人に対して、あるいはイスラム教徒に対して、存分に排除の感情をぶつければいい。

昔、私自身、ドイツで移民問題の調査をしている時にトルコの移民団体でよく聞かされました。ネオナチの脅し文句の典型ですが、「ユダヤ人とトルコ人と何が違うか知っているか？ユダヤ人はもう経験済みってことさ」と言ってトルコ系移民を脅していたのです。

三牧　示唆的で興味深いですね。

内藤　そう。ドイツに移民したトルコ人は、ドイツ人が反ユダヤ主義を克服したなんて最初から信じていなかった。30年前からそういうふうに言っていた。本当に、ドイツ社会は反ユダヤ主義を克服したのでしょうか？　根源的な問いとして、私は今でも疑問を抱いています。

三牧　対象が変わっただけということですね。

内藤　そう。ただし、口に出してはいけない。憲法擁護庁があるから、言ったら罰せられる。

三牧　でも、それって本当に「法の支配」って言えるのかということですよね。

内藤　いや、だから、その程度のものだったんですよ。とにかく自分で手足を縛って縛って人種差別はいけない、民族差別はいけないと唱え続けてきたことは確かです。だけど、もう縛り切れない。

三牧　結局、血肉化されていないということなのでしょうか。

内藤　だから結局、ドイツ人である自分たちは、もう払拭したでしょうと。反ユダヤ主義は克服したでしょうと。非ナチ化をこれだけ真面目に進めたことによって払拭したと無反省に開き直る。そして、現在のドイツにおいてまだ反ユダヤ主義がはびこるのは、イスラム教徒の移民や難民のせいだということにしている。その上でさっきの、ハマスを支持するとかパレスチナを支持するようなことを言った場合、訴追するぞ、国籍を取れないぞと言って脅しているのです。

しかし、こういう脅迫って、私は論理的に成り立たないと思うんです。なぜかというと、ドイツにいるイスラム教徒と言っても、濃淡はものすごくあるわけです。宗教的な人もいるし、まったく宗教色のない人もいる。だけど、どちらにも共通して言えるのは、「イスラエルは、やってはいけないことをしている」と思っていることですよ。イスラエルが特に子どもや女性を殺していることに対して怒っている。だけど、それに対して怒りを表明すると、「反ユダヤ主義」になってしまう。そんな馬鹿なことはありえない。

ところが、ドイツがこういうことをしていると、ドイツ在住のイスラム教徒の中にもしだいに間違いを犯す者が増えてくる。どういうことかというと、イスラエル大使館へ行って抗議活動をするならいいんですが、シナゴーグとかユダヤ人のコミュニティに行って、火炎瓶を投げたり嫌がらせをしたりする。そうすると今度は、これは反ユダヤ主義とまったく同じことになってしまうのです。

彼らの敵視しているのがイスラエルの軍事行動であったとしても、実際に表れる行動がシナゴーグなどに対する攻撃になってしまえば、それは反ユダヤ主義という批判を受けることになる。

オランダはリベラルによる反イスラム

内藤　たちが悪いのはオランダのようなケースで、彼らは、自分たちもかつてナチスに蹂躙されたので、ホロコースト犠牲者の側に立ちます。

ガザの問題が起きている最中でしたけれども、オランダの総選挙が行なわれて、その結果、「反移民、反イスラム、反難民、反ＥＵ」と四拍子そろっているヘルト・ウィルダースという人物の率いる自由党が第一党になってしまった。伝統的なキリスト教保守の政党だとかはみんな後退したんです。

私はよく覚えていますが、９・11の前までは、オランダで移民問題の調査をしていると、イスラム教徒、トルコ人やモロッコ人は「オランダぐらい差別のない国はない」って、みんなすごく暮らしやすいところだと言っていたんです。その点で隣のドイツとは違うのだとみんな言っていました。

ところが９・11が起きた後の12月に、当時勤めていた一橋大学の学生を連れてオランダに行ったところ、状況が一変していました。その3カ月の間にモスクが襲われた。イスラム系の小学校が襲われた。オランダの政治家たちに会って話を聞いたんですけど、どうしてこんなことになったのか、彼ら自身もわからないと言って、社会の急な変化を怖がっていた。オランダが急に変わってしまったと。

ただ一つありうると思っていたのは、意外にもリベラルな人たちです。中でも「自由民主国民党（VVD）」、この政党の人たちはイスラム教徒に対して急に疑いの目を向けるようになっていた。押しつけがましいものを嫌うリベラルは、規範性の強いイスラムという宗教を嫌っていたのです。2001年に9・11が起きましたが、2002年に自由民主国民党から分かれて、「ピム・フォルタイン党」というのが出てくる。これはピム・フォルタインという人物が自分の名前をつけた政党なんですけど、反イスラムとか、反難民とか、反移民とか言って、オランダの価値を守れと言い出した。その価値というのは「自由」。他人に邪魔されない「自由」のことでした。

彼自身は人間関係のもつれで殺されてしまうので、政党は維持されなかったですけど、その後に出てきたのがヘルト・ウィルダースで、今、第一党になった自由党を率いています。彼もVVD、自由民主国民党から離脱して出てくる。

つまり、この政党について日本の新聞が「極右」と書いたり、イギリスの新聞も「far right」

って書いたりしますけど、違和感があるんです。「極右」というのは、ナショナリストの「右派」がいて、その先にいるのが普通ですよね。ところが、オランダの場合、自由主義者がいて、その先に突出したリバタリアン（自由至上主義）が出てくる。この人たちは、自分たちにとって邪魔くさいものはすべて拒否してしまう。イスラムなどその典型ですし、移民や難民が入ってきて違う文化を持ち込まれると、すごく鬱陶しく感じる。だから排外主義になるので、自由主義を突き抜けた先に出てくるのです。彼らが「極右」と言われるのですが、右派の先にいるのではなくて、リベラルの先にいるんです。

歴史的にユダヤ人を抑圧してきた西欧の偽善

内藤　これからオランダは、もっとひどくなるでしょう。リバタリアンのウィルダースが、何らかの形で政権に関与することになるわけで、そうするとイスラム教徒を排除するような政策に出る可能性があります。彼は党が今ほど大きくなる前に、「モロッコ人を全員追放せよ」と言って、裁判で有罪になったことがある。ある民族に対して出ていけ、追放するというのは、当然それは認められません。

さらに、「コーランを禁書にしろ」というのが年来の主張です。ここでもドイツと似た理屈を使うわけですけど、イスラムという宗教が全体主義的な宗教で、自由や民主主義とまったく相容れないものであると決めつけているので、彼らを排除することは差別ではないし、ヘイトクライムにもならない。

しかし、よく考えてほしいんですけど、そういう「理屈」は「ユダヤ教徒はキリスト教徒の敵だ」と言っていたことと何の違いがあるのですか？　中世の時代に、その当時の理解からいったら、イスラム教徒だけでなくユダヤ教徒もキリスト教の敵とされていました。「ユダヤ人がイエスを十字架につけた」という敵意です。中世に限らず、今でもある。敵は排除してかまわないと言うときに、理屈の合理性など誰も疑わないのです。

近代以降になると、そういう「理屈」ではなくて、偽科学としての人種主義を使って、人種差別の方向に持っていって、ユダヤ人を劣等民族なり劣等人種だというふうにして排除しましたよね。キリスト教社会の中でユダヤ教徒を排除するこういう「論理」は、キリスト教西洋が持っていたものです。

それから、さっきもちょっと言いましたけど、イベリア半島からレコンキスタ（失地回復運動）の後にユダヤ教徒も追放しているのもそうですし、いろんな国で、たとえば、ペストがはやるたびに、あれはキリスト教の敵が災いをもたらしたんだと言ってポグロム（ユダヤ人大虐殺）を起こしてきた。

この発想はイスラム教徒にはない。まったくない。今、起きている反ユダヤ主義的な暴力、たとえば、シナゴーグやユダヤ教徒に対する暴力行為とか、それはあると思いますよ。否定しませんけど、もともと、こんな状況、つまり、ガザやパレスチナの状況がなければ、イスラム教徒には「ユダヤ人を憎む」という発想はないのです。

一つ例を挙げるなら、イスラム教徒は子どもの名前に、ユダヤ教の預言者の名前をつけることがよくあります。たとえば「ムーサー」は「モーセ」です。それから、トルコの前の首相のダウトオウルという人、同志社大学にも国際シンポジウムで来ていただきましたけれども、この「ダウト」というのはダビデ、「オウル」というのは息子、つまり、英語で言えば「デビッドソン」です。

つまり、イスラムから見れば、ユダヤ教というのは先行する一神教にあたるわけで、その預言者たち、つまり、神のメッセージを受け取った人たちというのは、リスペクトの対象になっているわけですから、「ユダヤ教徒だから抹殺してしまえ」などという発想はありません。

同じことはキリスト教徒に対しても言えます。「メリアム」とか「マリアム」という名前の女性はいくらでもいます。「マリア」ですね、聖母マリア。それどころか、「ジーザス」にあたる「イーサー」を名乗る人も、アラビア語でもトルコ語でも「イーサー」ですけど、いくらでもいる。イエス君とかがたくさんいることになる。

だから、後発の一神教であるイスラムの側は、神から受けとったメッセージを間違って解釈したという批判は、ユダヤ教徒にもキリスト教徒にも向けていますが、それで先行の一神教を憎んでいるわけではない。ただし、20世紀の半ばに誕生したイスラエルという国がやっていることは到底許し難いと思っていますから、「反イスラエル」の感情は持っている。それがシナゴーグやユダヤ教のコミュニティに対して向けられると、確かに反ユダヤ主義になるんですけど、そこはやっぱりよく考えて理解しないといけない。ヨーロッパは都合良く全てを「反ユダヤ主義」と言っています。

「イスラムだから反ユダヤ」ではありません。あれだけ歴史を重んじてきたヨーロッパ社会が、イスラエル建国とその後の歴史を全部見ないことにして、本質論のように、イスラム教だからユダヤ教は嫌いなんだと決めつけるのは非論理的かつ非歴史的です。

残念ながらそういった類いの悪いコピーが日本にもたくさんありますよね。「ユダヤ教とイスラム教とは、宗教の根源的対決である」とか。「アラブとイスラエルの民族対立」。この馬鹿馬鹿しい本質論のようなものは、ヨーロッパが持っていた反ユダヤ主義の安っぽいコピーです。それを日本で勝手に解釈し、ヘイト言説として流通させている。罪深いことです。

キリスト教ヨーロッパの過去

内藤　ヨーロッパに伏流する反ユダヤ主義の源流について私はこのように考えています。

まず確認しなければならない前提として、そもそも、イスラエルを建国したユダヤ人の側に、シオニズムに基づく恐ろしい自衛意識を植えつけたのは間違いなく近代ヨーロッパであり、遡れば中世以来のキリスト教ヨーロッパであったということです。ホロコーストを引き起こしたナチスのドイツは最大の責任を負いますが、パレスチナへの入植が始まる時の経緯を見れば、１９１７年のバルフォア宣言でシオニストにパレスチナを与えたイギリスも根源的な責任を負っていることは明らかです。

パレスチナ人にとって、ユダヤ人の身にヨーロッパで何が起きたのかは、知ったことではない。実際、パレスチナ人と話してみるとすぐにわかりますが、彼らは相手がユダヤ教徒だから憎んでいるわけではありません。パレスチナにはキリスト教徒もユダヤ教徒もいましたが、キリスト教徒やユダヤ教徒を憎む発想などなかった。

パレスチナだけでなく、シリアでもレバノンでもトルコでも、地域内の民族間に憎悪の種を蒔(ま)いたのはイギリスとフランスでした。これらヨーロッパ列強のたちの悪いところは、後になると知らん顔していることと、これまで再三述べているとおり、自分たちは民主主義や自由や人権のような普遍的権利を教えてやったじゃないかと平然と主張するところにある。これは、大変たちが悪い。

ヨーロッパのたちの悪さ

内藤　キリスト教西洋としてのヨーロッパのたちの悪さは二つの潮流を生み出しました。一つは、自分たちの「神の子」イエスを十字架につけたユダヤ人へ憎悪をぶつけ続けたこと。もう一つは、後に世俗主義という近代イデオロギーを生み出してから、あらゆる宗教と信仰者を軽侮するようになったことです。

一つの例を挙げます。キリストの復活を祝うイースターの前には受難を悲しむ受難週があります。受難週にはイエスの受難の物語を受難劇や音楽劇として上演します。バッハの「マタイ受難曲」や「ヨハネ受難曲」の演奏会は、毎年、ヨーロッパのさまざまな都市で演奏されています。

私は、キリスト教徒ではありませんが、音楽としてのバッハの「マタイ受難曲」は好きです。これは、マタイによる福音書に基づいていて、聖書のストーリーを語る福音史家とイエスをはじめ聖書の登場人物のアリアや群衆の合唱で構成されています。

その後半で、ローマ総督のピラトがユダヤ人群衆の前でイエスの刑についてやり取りする場面があります。ピラトがイエスをどうするかと群衆に問うと、群衆は「十字架につけろ」と応えます。その時、イエス以外にもう一人バラバという罪人がいて、ピラトはどちらかを赦(ゆる)すと群衆に問うと群衆は「バラバを！」と応える。そこにピラトの妻からの伝言で、夫に「イエスという義人のことで夢で苦しんだから関わらないで」と訴えます。ピラトはもう一度群衆にイエスをどうするかを問うのですが、群衆は「十字架につけろ」と叫ぶ。そこでピラトは、水を持ってこさせ、手を洗い「イエスの血について私には責任がない」と宣言するのです。

　問題はその次の群衆の応答です。「この人の血の責任は自分たちとその子孫にある」と叫ぶのです。

　若い頃、バッハのマタイ受難曲を聴いた時には、この群衆の叫びの中に、ただ、普遍的な人間の愚かさを聴き取っていました。学生時代に私は合唱団にいて歌ったことがあるのですが、速いテンポのこの部分で、各声部が折り重なるように歌うと、人間がイエスを死に至らしめた愚かさを歌い上げているように感じたものです。

　しかし、当然ですが、この部分はユダヤの民衆が叫んでいるのだから、キリスト教徒から見ればユダヤ教徒の民衆と祭司たちがイエスを十字架につける決定的な場面でもあるわけです。いわば、キリスト教徒にとっては、ユダヤ教徒であるユダヤ人への憎しみの原点となる場面に他なりません。

　ドイツ南部、バイエルン州のオーバーアマガウという小さな村は、10年に一度、村人が受難劇を上演することで知られています。17世紀から続く伝統の行事なのですが、ヒトラーはこの受難劇に感銘を受け、反ユダヤ主義のプロパガンダに使ったと言われています。世界から観光客が観劇のために訪れますが、受難劇の演出は、必ず在米ユダヤ人団体から注目され、イエスの磔刑（たくけい）とユダヤ人の関与に関する描き方は、しばしば批判の対象となります。

三牧　現代にあっても象徴として大変大きな意味を持つのですね。

内藤　この受難劇はペストの流行を鎮（しず）めるために始められたようですが、中世以来、ヨーロッパではペストの流行が「キリスト教徒の敵」によるものだとされ、何度もユダヤ人に対する虐殺を招いてきたのです。

ユダヤ人が最終的にヨーロッパから離れパレスチナにやってきたことの源流を辿（たど）れば、こういう宗教的憎悪が当然影響しているわけです。宗教的なアイデンティティ、民族的なアイデンティティというものが、異なる存在との共存にとって、いかに妨げとなるかを示す一例ではないでしょうか。

ユダヤ教とキリスト教の場合は、ユダヤ教徒の中から改革者としてのイエスが登場するので、ある意味、近親憎悪の激しさが表面に出てくる。

先ほど述べたとおり、民族が違っていようと、信仰する宗教が違っていようと、商売ができればそれでいいじゃないかという「緩さ」をイスラムは持ち続けているのに対して、ヨーロッパには、このイスラム的「緩さ」がなかった。「お前は何者だ？」と相手のアイデンティティにこだわり、他者に干渉してやまないのが、キリスト教ヨーロッパ社会の特徴です。一方、「お前は何者だ？」という問いをイスラム教徒から投げられることは、経験上ほとんどありません。

ヨーロッパ社会の側は、中世の頃からキリスト教の宗教的アイデンティティを掲げて戦争を起こし、そこで強者となることで君臨しようとした。ユダヤ人はさんざんいたぶられ、殺戮されてきた。その最後に、永住の地として、誰からも邪魔されないはずのイスラエルを建国したのですが、そこに至らしめたのは他ならない、キリスト教ヨーロッパだったのです。

イスラエル建国とその後の入植地拡大は、商売はフェアにやろうというイスラム教徒にはまったく馴染まない暴力による支配でした。俺たちはこんなに凄惨な目に遭ってきたというユダヤ人入植者の主張は、パレスチナのイスラム教徒のあずかり知らぬことでした。

克服されていないレイシズム

三牧　アメリカでも、名誉毀損防止同盟（Anti－Defamation League）というイスラエル支持のユダヤ人団体が、常にアメリカ社会における「反ユダヤ主義」的な言動に目を光らせ、「反ユダヤ的」とみなされた人物について、その名誉を徹底的に毀損する形で批判し、貶める――ユダヤ系の名誉のために、「反ユダヤ的」な人物の名誉を毀損することも辞さないというのは、倒錯だと思いますが――ということをやっています。イスラエル政府は、さまざまな方法で、アメリカの大学で「反ユダヤ的」な教育が行なわれていないか、キャンパスで「反ユダヤ的」な授業が行なわれていないか、監視しています。たとえば、イスラエルを「アパルトヘイト国家」として分析する講義に対し、イスラエル政府から大使館を通じて抗議が入ったなどの事例があります。むしろ今、アメリカでは、自国を批判することより、イスラエルを批判することのほうが難しい、そんな雰囲気すらあります。

内藤　やはり恐ろしいですよね。この数カ月の間にダブルスタンダードというものを超えて、もう要するに、ここ何世紀か、歴史の中にマグマみたいに溜まっていたものが、一気に吹き出してしまった感じがするんですよね。

三牧　ですが欧米は、そのおかしさに気づいていない。

内藤　気づいてない。気づいてないですよ、明らかに。何らレイシズムも、あるいは民族差別も克服はしてない。

三牧　この点について、10・7直後に、アメリカで活躍してきた日系人俳優のジョージ・タケイが、重要な発言をしていました。日系人である彼は第二次世界大戦中、強制収容所に送られた経験がある。日本軍による真珠湾攻撃後のアメリカには日系人差別が吹き荒れ、12万人以上の日本人や日系人が収容所に入れられました。「お前たちも我々を攻撃したハマスと同類だろう」、こうした視線が今、ガザのパレスチナ市民全体に向けられているわけで、タケイは第二次世界大戦中のアメリカと同じことが今、ガザで起きつつあるのではないか、そう懸念したのです。そして、このように警鐘を鳴らしました。「ある集団が残虐行為を行なったからといって、他の何十万、何百万という人々が同一視され、苦しめられてもよいということにはならない」。日系人の受難に照らしたタケイの警告は、アメリカ、そして日本にも重要な問いを突きつけているのではないでしょうか。仮に今、日本人がアメリカ人に対してテロ攻撃をしたとして、そのことで、私たち日本人全体が「お前たちテロリストなんだろう」「テロに共感しているんだろう」と攻撃対象にされるということは、どう考えてもおかしいわけですよね。こんなおかしな論理がどうして、イスラム教徒になるとまかり通ってしまうのでしょうか。

内藤　しかも、アメリカはグアンタナモとアブグレイブ（前者はアフガニスタン、イラク戦争の過程でテロに関わったとして米軍に逮捕拘束された容疑者が収容された施設。後者はイラクのバグダッド郊外にある収容所で、いずれも米軍関係者による収容者への虐待が問題視された）で、まだ20年も経たない過去にやっているんですよ、同じことを。それに対する反省もまったくないままで。

三牧　イスラエルはそうしたアメリカによるイスラム教徒に対する非人道的な行動を見て、自分たちもやってもいい、大丈夫だと自信を強めたのかも知れません。グアンタナモについてもアブグレイブについても、個々の軍人が処罰されることはあっても、アメリカが国際的に裁かれるようなことはなかった。

内藤　大丈夫だろうとみなしたということですよね。

三牧　国際法を公然と侵犯するプーチンによるウクライナ侵攻も、それに先立ってアメリカがイラク戦争を起こした、そうした文脈で見る必要もある。アメリカは、根拠となる明確な安保理決議もないのに、大量破壊兵器を保持している可能性があるとして、イラクに対して戦争をしかけた。大量破壊兵器などなかったわけですが、結局、アメリカが国際法や規範を蹂躙しても、それを止められる存在はいない。公にとがめられる国すらほとんどない。国際法や規範、人道に反する行動について、アメリカは罰されなかったわけです。そういうアメリカの独善的な行動と、不処罰がもたらした国際規範の緩みを、プーチンは見ていた。もちろん、だからといってプーチンのウクライナ戦争の原因はアメリカだ、といったり、イラク戦争を起こしたアメリカにウクライナ戦争を批判する資格はない、といった単純化された議論をするつもりはありません。大事なことは、どちらもフェアに批判することです。

グローバルサウス諸国はウクライナ戦争に際し、多くの国がロシアの侵略行動を非難しつつも対ロ制裁には加わらず、ロシアと関係を持ち続けている国も多い。こうした態度を西側諸国は批判してきたわけですが、これらの国々から見れば、イラクに戦争をしかけ、この20年ほどで数十万のイラク人を死に追いやってきたアメリカと、ウクライナで侵略戦争を続けるロシアとの差は相対的なものであって、本質的なものではない。どちらも糾弾されるべきだし、どちらも完全に信頼できる相手でもない。どちらかを選んで、どちらかとの関係を断つという問題でもない。

内藤　その通り！　トルコもしばしば同じ立場に立たされる。トルコの場合、第一次世界大戦の時にヨーロッパ列強と戦ってなんとか独立を守り切ったから、いつまでも執拗に「問題国」扱いされる。第二次世界大戦まで植民地になることがなかった国というのは嫌われる。

バイデンとシオニズム

三牧　アメリカではバイデン政権のみならず、歴代政権がイスラエルとの「特別な関係」をうたってきたのですが、相対的にであれ、イスラエルへの批判的な姿勢を打ち出した点で評価できるのがオバマ政権です。

なにしろ中東でブッシュがあれだけやらかした後です。しかしオバマは、トランプ政権のように、パレスチナ問題を無視して、パレスチナ人の頭越しに中東の国際関係を改善しようとはしなかった。パレスチナ問題をやはりどうにかしないと、アメリカの名誉も、中東の平和も実現されないというのがオバマの考えでした。そして、イスラエルとパレスチナの二国家共存という、ほとんど空虚なものとなっていたゴールをもう少し実質的なものにしようと、まずはイスラエルのこれ以上の入植活動を凍結させようとしました。ただ、それとほぼ同じタイミングで、パレスチナとの和平や二国家共存に限りなく消極的なネタニヤフがイスラエルの首相に就任し、最悪のめぐりあわせになってしまったわけですけれど。

入植凍結を課題としていたオバマを、当時の副大統領として止めてきたのが、ネタニヤフと数十年来の友人関係にあるバイデンでした。トランプの強烈な親イスラエル姿勢と比べれば、相対的にバイデンはまだパレスチナ寄りに見える。けれど、パレスチナにとってもう少しフェアな状況を作り、どんなに小さくても、二国家共存に向けた実質的な進展をもたらそうとしたオバマの動きをバイデンはむしろ押し止めてきた。彼はこれまでも「シオニストであるためにユダヤ人である必要はない」「私はシオニストだ」と公言してきました。10・7の後、イスラエルを訪問した際にも「私はシオニストだ」と強調し、イスラエルに対する全面支援を約束しました。「イスラエルがないとユダヤ人の安全は保障されない」。12月にホワイトハウスで、ユダヤ教のハヌカ（祭典）を行なった時も、このようなバイデンの発言がありました。これに続けてバイデンは、「なので、やはりハマスは壊滅しなければならない」と述べました。表ではイスラエルに対して、「これ以上、市民の犠牲者は出さないでくれ」と釘（くぎ）を刺すようなことを言明しながら、ホワイトハウスの内輪では、矛盾するようなことを言っている。大統領である以上、いずれ外に出るのはわかっているはずなのに。

ガザでのイスラエルの軍事行動を批判している人たちも、イスラエルという国家の存続を否定しているわけではない。アメリカや世界各地に反ユダヤ主義があるというのならば、それこそが克服されるべきで、「ユダヤ人の安全」を理由にイスラエルが何をやってもいい、ましてやもともと住んでいた人々を追い払い、迫害し、抑圧し、殺害することなど正当化されるはずがない。

終章でも詳しく述べますが、バイデン自身のイスラエルへの思い入れも、今回のアメリカのイスラエル支持につながっています。彼は議員、その後副大統領、そして大統領と政界随一の長いキャリアを持っていて、そのキャリアを通して、常にイスラエル側に立ち、イスラエルが「自衛」を掲げて行なう戦争や政策に理解を示してきました。最近、民主党内でも、イスラエルはパレスチナ人を抑圧する「アパルトヘイト国家」だという批判が高まり、イスラエルへの巨額の軍事支援に疑義を呈する若い議員が出てきてはいますが、多数派にはまったくなっていません。これがアメリカの「リベラル政党」の実態です。

ガザでイスラエルが使っている爆弾の種類はひどい。市民を巻き添えにしないわけがない大きな爆発が起きる爆弾を、大量に落としている。こうした事態を問題視し、アメリカのイスラエルへの軍事支援について、せめてそのような攻撃や用途のためには使わせない条件づけをしましょうと主張する議員もいる。２０１６年・２０２０年大統領選で命を守る政治を訴え、若者を中心に大旋風を起こした民主社会主義者のバーニー・サンダース、アメリカ唯一のパレスチナ系の議員ラシダ・タリーブら「スクワッド」と呼ばれる民主党議員のグループなど、民主党内の左派議員たち、若い議員たちです。

しかし、バイデンはそうした声に耳を傾けない。「イスラエルの安全のためには、イスラエルの軍事行動や作戦について、選択肢を狭めるようなことはしてはならない」と。イスラエルが現実に何をやってきたかを直視し、批判を強める民主党の若い議員と、伝統的なイスラエル観に基づき、ほとんど無条件にイスラエルを支持するバイデンの認識との間には深刻な乖離(かいり)があります。ただし、イスラエルへの手厚い支援に疑問を呈する議員は、議員全体で見ると少数で、アメリカ政界に存在する、超党派のイスラエル支持は崩れる様子がありません。

建国神話を共有するアメリカとイスラエル

三牧　「なぜこんなにアメリカはイスラエルにコミットし続けるのか?」「イスラエルの残虐なパレスチナ政策に対して、批判意識を持たないのか?」と当然疑問が湧いてきます。その背景には、さまざまな事情がありますが、建国神話の類似性にも注目したいところです。先ほどヨルダン川西岸に移住し、イスラエルの入植政策にさまざまな形で加担しているアメリカ人の話をしました。そうした人々は、現在進行形のイスラエルの「入植」を、自分たちの祖先による

「入植」と重ね合わせ、崇高な使命として支持しています。アメリカは、腐敗した世界とは隔絶され、世界をその光で照らす理想社会「丘の上の町」であるというアイデンティティを抱き、歴代政権もこの言葉で自国を表現してきました。ヨルダン川西岸に移住するアメリカ人は、イスラエルに新たな「丘の上の町」を作るのだと、そういう感覚でいるのでしょう。

もっとも「入植」という言葉は、実際に起こっている非人道的な事態を隠蔽しかねない言葉でもあります。それは、もともと住んでいる住民からしたら「侵略」であり、「植民地化」に他ならない。アメリカもイスラエルも、「セトラーコロニアリズム（入植植民地主義）」を通じて打ち立てられた国なのです。「神が自分たちに与えた国」なのだと、ネイティブ・アメリカンを排除して作られた国がアメリカです。だから今、同じことを繰り返しているイスラエルの残虐性が見えない。イスラエルの入植政策の問題に気づかないというのは、自分たちの建国の歴史にまつわる暴力をきちんと見据えていないことに由来するところもあるのではないでしょうか。

内藤　そうか。ネイティブ・アメリカンの問題と同じなんだ。

三牧　我々から見ると、とてもグロテスクな話ですが、アメリカにはイスラエルの入植政策を、自分たちの建国の歴史との類似性から捉えて、それを崇高な使命とみて共感する人が一定数いるということですね。とりわけ福音派にその傾向が顕著ですが、バイデンのようなカトリックもこうした発想に陥りやすい。「丘の上の町」のような、いくら耳あたりの良い言葉で表現しても、結局それによって正当化されているのは、パレスチナ人を追放し、殺害して打ち立てられる植民地です。宗教とナショナリズムとのグロテスクな結びつきによって、そうした現実が見えなくさせられているのです。

反マイノリティが「ユダヤ人を守れ」という奇妙さ

内藤　やっぱりオバマ政権は突出し過ぎたのでしょうか？　オバマが最初に単独訪問した国はトルコなんですよ。当時トルコの議会で、えらくイスラムに対してシンパシーを示すような演説をしているんですね。

三牧　彼はアフリカでもそうでしたよね。

内藤　エジプトにも行って、カイロ大学で学生との対話集会をやって、その時もそうなんです。パレスチナ問題にも言及しているし、女性のヒジャーブの着用に関しては、「自分は擁護する」って言ってしまって、フランスをむっとさせたことがありました。フランスは公的な場でのヒジャーブを禁止していますからね。「お前に言われたくない」と当時のフランス政府は言っていましたけど。

それまでの福音派とネオコンに動かされてきたブッシュ政権の中東でのイラク戦争や、アフガニスタン戦争がうまくいかなかったという、その厭戦（えんせん）気分も反映していたのだと思うんです けど、かなりイスラムとの融和を最初に訴えているんです。彼のスピーチ原稿を読んで、こんなにイスラムを擁護して大丈夫かな、と思うくらいに。

三牧　確かにあまりに歩み寄り過ぎて国内右派の反発を招きました。

内藤　だいたい、トルコの議会で彼が登場した時には、「バラク・フセイン・オバマ」と「フセイン」を入れて呼ばれていますから、おそらく、トルコの国会議員は彼がムスリムだと思ったはずです。

三牧　そうした経緯をトランプは、「あいつはムスリムだ」「出生地は本当にアメリカだろうか？」「アメリカ市民ではなく、大統領に立候補する資格がないのでは？」とか、出生地や市民権に疑問を呈するバーセリズム（birtherism）の道具にしてきましたね。ただ、あの時、オバマが選挙で戦ったのは、ジョン・マケインという良心的な共和党の政治家でした。

内藤　私も当時そう思いましたね。

三牧　オバマのフセインというミドルネームを指して、「あいつはムスリムだ」「だからテロリストだ」みたいなことを言う、おかしな支持者が共和党にはいますが――そうした言説を助長してきたのがトランプです――、マケインは「自分はそういう戦い方はしたくない」「オバマと自分は政策についての意見が違うだけで、彼の人柄を尊敬している」という立場を崩さなかった。マケインは、「オバマはムスリムだ」と差別意識丸出しで言うような共和党支持者を諫めるような、とても上品な演説をしていた。共和党がトランプ人気を当てにして、トランプがやることすべてに賛同する「トランプ党」になる前の、最後の良心家の一人でした。マケインの死とともにそうした共和党は終わり、良識的な有権者よりも、右派ナショナリストにいよいよ依存する政党になっていった。

アメリカで今、「イスラエルを守れ」「反ユダヤ主義はいけない」と声高に叫んでいるのは、「多様性」や「異宗教への寛容」といったことにもっとも背を向けてきた人たちです。こういう人たちが、イスラエルが圧倒的な武力でガザ市民を殺戮している現実を無視して、声高に「ユダヤ人を守れ」と主張している。言葉だけを見れば「マイノリティを守れ」という、一見正当な主張ですが、その背景まで考えると、むしろ強者側に立つ主張であり、彼らのイスラムフォビアを反映した主張でもある。

アメリカでも各地で、「パレスチナ人の命を守れ！」と即時停戦を求めるデモが起きていて、首都ワシントンＤＣで行なわれたデモには10万人に近い人が参加したともいわれていますが、それに対抗するように、そのすぐ後に、イスラエルの対ハマス戦を支持する「イスラエルのための行進」というデモが行なわれました。もっともこれは、極めて政治動員の色彩が濃いデモでした。デモでは、イスラエルのアイザック・ヘルツォグ大統領などのビデオメッセージが流され、マイク・ジョンソン下院議長（共和党、ルイジアナ州選出）やチャック・シューマー上院院内総務（民主党、ニューヨーク州選出）、ハキーム・ジェフリーズ下院院内総務（民主党、ニューヨーク州選出）など両党の重鎮も参加し、イスラエルのハマス掃討作戦を強く支持する演説を行ないました。

さらにこのデモの性質を物語るのが、１９９０年代の説教で、「アドルフ・ヒトラーはユダヤ人を約束の地であるイスラエルに送るために神に遣わされたのだ」と、ホロコーストを肯定するような発言をしたこともあるジョン・ハギー牧師も参加していたことです。純粋に反ユダヤ主義の高まりを懸念し、マイノリティを守ろうとするデモではなかったことは、このことにも明らかです。福音派の牧師であるハギーは、イスラエルのネタニヤフ首相の盟友として知られ、アメリカ最大の親イスラエル・ロビー団体「クリスチャンズ・ユナイテッド・フォー・イスラエル（イスラエルのためのキリスト教徒連合）」の代表でもあります。デモで演説したハギーは、「ハマスやヒズボラは、ヒトラーのような人々と共に、歴史の灰の山に送られなければならない」と力説し、聴衆から喝采を浴びました。

フランスのルペンもそうですが、ふだん「多様性は国を弱くする」「移民は入ってくるな」と言っている人が、今回は「ユダヤ人が脅威を感じている、ユダヤ人を守れ」みたいなことを言うのは、とても額面どおり受け取ることはできません。そこにある意図を、じっくり分析すべきです。
もちろん10・7以降のアメリカで反ユダヤ主義に基づく差別や暴力が問題になっていないわけではない。ガザ情勢を受け、確かに反ユダヤ的な動きは生まれています。しかし、同時に反イスラム的な動きも起こっています。イリノイ州ではパレスチナ系の6歳の男の子が白人の家主に刺殺され、これは家主の言動に照らして明らかに憎悪犯罪（ヘイトクライム）でした。パレスチナ系やアラブ系に対するヘイトや暴力も起きているのに、「イスラエルのための行進」の参加者たちや親イスラエルの政治家たちは、そちらのマイノリティ迫害はまったく問題にしない。今回のガザ危機においては、「反ユダヤ主義の高まりを抑えなければいけない、ユダヤ人を守らなければならない」という、それ自体は正しいスローガンが、実際には、パレスチナ市民を広範に巻き込む軍事行動を正当化し、イスラム教徒の命を奪うことを正当化してきたことに目を向けなければなりません。

内藤　「反ユダヤ」って、誰の反ユダヤから守れと言っているのか……。おそらく、「ムスリムの移民とか難民の反ユダヤから守れ」なんでしょうね。

三牧　でも、反ユダヤ主義的な差別や暴力は、移民や難民の人たちから発生しているわけではないんです。むしろ、以前から反ユダヤ主義を標榜（ひょうぼう）し、推進してきたのは、「イスラエルのための行進」に参加した白人至上主義的・極右的な考えを持つ人々です。

内藤　その一方で「反ユダヤ主義を抑えよう」という自分たちが持っていた、もともとの反ユダヤ主義が本当に消えたと思っているのか?という疑問が残ります。

三牧　先ほども触れたとおり、大学キャンパスにおける「反ユダヤ主義」の高まりについて、名門大学の学長たちを対象に行なった公聴会を仕切っていたエリス・ステファニク議員が、いつもは反ユダヤ的なことを言っているのに、その時だけ、「キャンパスでちゃんと反ユダヤの言動を取り締まっているか?」と学長たちを突き上げて、あたかも自分がユダヤ人の擁護者みたいな顔をする。そういうことが起きるわけですね。

内藤　そうそう。それってまさに、マリーヌ・ルペンが反ユダヤ主義批判のデモに出てくるのと同じ構図なんですよ。

三牧　まったく同じですね。多様性なんかにまったく関心のない、むしろより多様な社会、寛容な社会に向かう動きを全力で阻止しようとしてきた人たちが、今、この局面においてだけ、マイノリティの擁護者の顔をして出てきている。彼らはパレスチナ人の命や安全にはまったく関心がないし、ユダヤ人の命や安全にも、本当は関心がない。

「民主化神話」が正当化するジェノサイド

内藤　それこそ、序論で紹介しましたが、共和党のリンゼー・グラムが、ガザへのイスラエルの攻撃について、「ベルリンやドレスデンで何万人殺しても、東京、広島、長崎で何万人、何十万人殺しても、戦後、ドイツも日本もアメリカに逆らわなかったじゃないか」と言っていますね。

三牧　言葉を失う考えですね……。

内藤　「それはドイツや日本がアメリカのおかげで民主主義を学んだからである」。逆に、ガザはなぜダメかというと、「ハマスが、国連の学校や何かで、反イスラエル、ユダヤ人に対する憎悪を教えてきた。だからダメなんだ」ということで、「全部消せ」って言っている。

三牧　「GHQまたやろうぜ」みたいな話になっているのでしょうか。

内藤　いや、それどころか、全部消しちゃえって言っているわけでしょう。

三牧　グラム以外にも、アメリカの議員からは「ガザはパーキング・エリアになるだろう」（共和党マックス・ミラー議員）みたいな発言も飛び出しています。アメリカの政界では今、こういうことを平然と言う人たちが、マイノリティの擁護者面（づら）をして、「反ユダヤ主義の言動を取り締まれ」と叫んでいるわけです。

それにしてもアメリカは、第二次世界大戦後、ベトナムやアフガニスタン、イラクなどで市民を巻き込む大々的な軍事行動を展開し、アメリカの庇護（ひご）下で新たな政権を樹立させたものの、最終的には、いずれの国でも民主主義を根づかせることに失敗してきたわけですよね。アメリカがこの失敗を誠実に反省し、未来への教訓としているならば、イスラエルが、「アメリカも自分たちが今、ガザでやっているようなことを、民主主義の名のもとにやってきたじゃないか」と言って無差別攻撃をやっている現状に対し、「そんな試みはうまく行くはずはないよ」と、その安易で暴力的な発想を諭し、説得すべきだと思うのですが。

内藤 そう。第二次世界大戦後の戦争は、全部失敗した。

三牧 本当に。全部失敗している。アメリカの研究・教育の現場では、いわゆる「アメリカ主導の民主化」が神話にすぎないことは、きちんと批判的に検証されている。つまり、日本の民主化は、すべてがアメリカ主導で達成されたものではなく、戦前日本にも議会制民主主義が根づいていて、そういう基盤があったからこそうまくいったわけです。イスラエルの政治家の一部が主張しているように、「いったん更地にして、軍国主義を一掃したところに、アメリカが民主主義という新たな価値を持っていって、一から根づかせた」というような話では全然ない。しかしアメリカの政治家たちの中には、こうした学術的な知見をまったく無視して、イスラエル側がこの「民主化神話」を使うのを助長するような発言をする人たちがいる。

内藤 そうなんですよ。そのばかばかしい民主化神話がガザに対して適用されると、本当にエスニック・クレンジングになってしまうんです。ジェノサイドを正当化することになりますからね。私が恐れているのは、ジェノサイド批判がこれだけあってもイスラエルが聞かないのは、やっぱりジェノサイドだと思っていないんですよね。

三牧　しかも、欧米がその認識を支えてしまっているということですよね。

内藤　支えているんですよ。「ガザは消したほうがいい」という形で支えてしまっているのなら、終わらないですよね、これは。

三牧　殺害のスピード、犠牲者に占める女性や子どもの割合、いずれも記録的な数字です。性質の違う戦争とはいえ、ウクライナ戦争の死者のペースに比べても、ガザは突出している。人権団体オックスファムによると、ガザでの1日の死者は、21世紀に他の地域で起こったすべての主要な紛争を上回るそうです。

内藤　圧倒的に。囲い込んでいますからね。

三牧　ジャーナリストや国連職員に対する、攻撃の無差別ぶりも突出しています。改めて、先ほど紹介した、ハンナ・アーレント賞を受賞したマーシャ・ゲッセンが言っていることは、本質を突いていると感じます。今、起きているジェノサイドは世界が団結して止めなければならないのに、欧米は「イスラエルが安全のためにとる行動を批判することは、反ユダヤ主義だ」などと弁を弄（ろう）して、ものすごいスピードで日々人間が殺されている圧倒的な現実を見ようとしない。これは人道に悖（もと）ると思います。

ZARAの広告に描かれたパレスチナ

内藤　そういう心象が広告に露呈してしまったのがZARAの問題でしょうね（2023年12月、爆撃を受けたパレスチナをイメージさせる。手足のないマネキンや、白い布で包まれた彫像をあしらった広告が批判を集め取り下げられた）。

三牧　今まであんな最低の広告はさすがに見たことないと感じます。

内藤　よく特定のブランドが人種差別的な表現で批判を受けることがあるじゃないですか。何年か前には、ドルチェ&ガッバーナの中国人蔑視。

三牧　ディオールでも中国人蔑視の広告がありました。

内藤　ええ、中でも今回のZARAはかなり悪質だと私は思いました。

三牧　悪質です。

内藤　おそらく、作った段階では、ZARA側が言っていることが正しければ、9月までに撮影は終えていたということですが……。

三牧　でも、出したのは12月。

内藤　そう、その後、出しているわけですよね。冬物で出していたのだから。出しても差し支えないと思っていたのは確かですよ、ZARAが。それで批判を受けるまで、ZARAはその広告をさらしたわけでしょう。というか、あれだけの世界規模のブランドなら、どういうインプリケーション（ある事柄が別の事柄を暗に含んでいること）があるかって当然考えるはずじゃないですか。私、確信犯だろうと思っているんです。

三牧　私もそう思っています。

内藤　あれを出しても、むしろユダヤ人たち、イスラエルの人たちは好んで買いにきてくれると思っていたのではないか。つまり、「こんなことして大丈夫か」という懸念はＺＡＲＡにはなかっただろうと思うのです。

三牧　そうじゃなかったら出さないでしょう。10・７以前にも、何度もガザでは戦争があり、人間を白い布でくるんだイメージは遺体のことだと、普通の感覚がある人だったら想起しますし、今回だって撮影してから広告として出す12月までに、この白い布でくるんだ遺体を見る機会は無数にあったでしょう。いや、こんな広告出されて、商品買おうと思うんでしょうか？

内藤　ＺＡＲＡはトルコ国内だけで40店舗もあるんですが、大変評判を下げて客足が遠のいたそうです。

三牧　ＺＡＲＡとイスラエルの関係が問われたのは、これが初めてではありません。２０２２年にも、ＺＡＲＡイスラエル・フランチャイズの会長ジョーイ・シュウェベルが、ヨルダン川西岸の併合を公然と主張してきた極右政党「ユダヤの力」のイタマル・ベン＝グヴィル議員の選挙集会を主催したことから、ＺＡＲＡ製品のボイコットを求める声が上がったこともあります。ZARAが実際どんな意図でこんな広告を作ったのかは、究極的には当人たちしか知る由がないところですが、いずれにせよ、ファッションを純粋に追い求めて出てくるイメージではないですし、ガザ市民の犠牲が万単位に及び、日々、この白い布にくるまれた遺体のイメージがネットに溢れていたこの12月に出すという判断は、どう考えても異常です。

内藤　企業の問題でいえば、バーガーキングとかマクドナルドの場合は、イスラエル兵に商品を提供するとか、そういうアクションのほうで批判されたわけです。別に、兵隊にハンバーガーをあげますぐらいは単純な話なので、それだって反感は買うでしょうけど、別にそう悪質だとは思えない。が、ZARAは、あれだけの広告の中で、つまり、世界で起きていることを「翻訳」しているようなものです。だとすると相当悪質だと思う。

三牧　悪質ですよね。でも、それに対する反対や抗議の声がすぐ発生したことにも注目したいところです。

内藤　すぐ出ましたよね。あれはさすがに。

三牧　最近、スポーツブランドのPUMAがイスラエル・サッカー協会との契約を2024年で終了すると発表しました。ガザ危機を受けた決定ではなく、契約満了による終了だと説明されていますが、ガザで進行するジェノサイドを止めようと、市民が声を上げて、この後に及んでイスラエルとの関係を改めようとしない企業への批判の声を強くしたことも関係している可能性はあります。少なくとも、そうした動きが、企業の将来の行動や判断に影響していることは確かだと思います。

スターバックスもその一例です。同社は、イスラエルの軍事行動が開始されるや否や、イスラエルへの全面支持を打ち出し、パレスチナ市民の犠牲に抗議し、パレスチナ連帯を打ち出した労働組合を批判してきました。アイオワ州では、労働組合を提訴する動きまで見せました。顧客を怒らせ、会社の評判を傷つけたとして、商標権侵害訴訟を起こしたのです。しかし、こうした経営側の抑圧にも屈せず、従業員や労働組合はパレスチナへの連帯を打ち出し続け、出勤ボイコットなどの形で抗議してきました。親パレスチナのデモに参加した従業員や、親パレスチナ的な投稿をした従業員が、大変な批判を浴びたり、懲戒を受けるといったことも起きていますが、そうした従業員を守ろうとする従業員間の連帯行動もかなり起きています。一概にはいえませんが、やはり、富裕層や経営者側は親イスラエル、労働者は親パレスチナという傾向があります。度合いは違いますが、金や権力を持つ強き者たちに搾取され、迫害され、簡単に命や生活を左右されるという共通性を通じて、労働者のほうが、自分たちと地続きの問題としてガザの苦境に想いを馳せ、そのために行動できる、ということかもしれません。普遍的な人権は、それだけでは絵に描いた餅ですが、このような形で一人ひとりが実現していくものなのかもしれません。

「パレスチナに自由を」と言ったグレタさんに起きたこと

三牧　ＺＡＲＡの広告問題が提起しているのは、自分たちと異質な存在の苦境へのあまりの想像力・共感力のなさだと思います。ＺＡＲＡ側は、明確な悪意があったかもしれませんが、炎上しても、売れればいいやくらいの感じだったのかもしれません。「攻めているね、ＺＡＲＡ」みたいに。そしてその軽さこそが、恐ろしい。

内藤　そういうことですよね。

三牧　こういう人たちが「ＳＤＧｓ（持続可能な開発目標）」や「多様性」などを掲げて、ふだんは人権の擁護者のような顔をしている。その欺瞞は明らかです。……それからＳＤＧｓで思い出したんですけど、環境問題の若きリーダーとして称賛されてきたグレタさんがパレスチナ支持を打ち出した際、論争が起きました。

内藤　グレタ・トゥーンベリさん。11月にアムステルダムでの地球温暖化対策を求める集会やＳＮＳなどで、パレスチナ支持を訴えて物議をかもしたという一件ですね。何ですか、ヨーロッパでの彼女に対するあの手のひら返しは。彼女がパレスチナ連帯の意味を込めて、パレスチナの伝統織物のカフィーヤを首に巻いて出てきて「フリー・パレスチナ」って言ったら、ドイツの主要メディアがこぞって、「あの環境問題のアイドルがどうしたのか？」みたいな反応を示していたのです。あなたたちは、最初から彼女をアイドル扱いしていたのかというね。非常に馬鹿げたことに、そういう本音が出てしまったんですよ。今時ものすごいセクシズムというのかな。あれはずいぶん愚かな批判でしたね。

三牧　グレタさんは英誌ガーディアンにも寄稿していましたね。虐殺や戦争犯罪、占領の問題も、気候変動の問題も、等しく命の問題、正義の問題であって、どちらかだけを追求することなどはありえないと明確に主張するものでした。グレタさんがガザ支持を表明した際、イスラエル政府の公式X（旧Twitter）アカウントが「ハマスはロケット弾にサステナブルな材料を使っていないぞ」と反応したことがありましたが、気候変動が、正義や人権の問題であることをまったくわかっていない。イスラエル政府の人権意識の欠如を物語るエピソードでした。

先ほどＳＤＧｓを批判しましたが、これはこの理念自体の批判ではなく、それがまったく形式的・恣意的にしか追求されておらず、ＳＤＧｓ的な、欧米の価値観に合致しない存在への暴力を肯定する論理にすらなっていることへの批判です。「誰も取り残さない」というＳＤＧｓの理念は今こそ思い起こされ、実行されるべきです。ガザを取り残してはいけない。しかし、こうした本質的な問題提起をしたとたん、欧米メディアはグレタさんに手のひら返しをする。今まで彼女を称賛してきたのは、自分たちの価値観に沿った動きをしていたからにすぎない。そう思われてもしかたない。

内藤　そうでしょう。

三牧　そうなると気候変動問題に関しても、あなたたち、どこまで本気だったの？という感じになってきますよね。

内藤　そうなりますよね。なにしろ批判を見ると、気候変動問題の取り組みや運動を彼女が傷つけたみたいなトーンですよね。彼女が何を傷つけたの？　私は読んでいてわからなかった。

三牧　論理が破綻している。

内藤　グレタさんがパレスチナ支持を訴えたあの壇上に、「政治発言を聞きに来たのではない」と彼女のスピーチをやめさせようとする活動家が出てくるじゃないですか。いくつか動画で見たけど。いったいどういう神経なんだろう。

三牧　それが欧米を超えた、グローバルなメディアに乗った時にどういうふうに見えるかという想像力が圧倒的に欠如していますよね。ＺＡＲＡもグローバル企業などと言っていて、結局、欧米の顧客しか見えていなかったということなのではないでしょうか。それから、「非西洋世界、とりわけイスラム世界はそんな倫理的な問題に関心を持たないだろう」という驕り、人種差別的な発想もあったのではないでしょうか。つまり、「自分たち西洋の人間が、もっとも人権問題をわかっていて、それに対して敏感なのだから、自分たちから見て人権上問題ないと思われる広告が、非西洋世界で、人権侵害的だと問題にされることなんてありえない」といったグローバル企業の傲慢さが表れた例かもしれないですね、ZARAのケースは。

内藤　それにしてもZARAのあの広告って、日本のメジャーなメディアは批判的に取り上げたのでしょうか？　あんまり見なかったですね。

三牧　そうですね。欧米でも、ZARAの広告をめぐる真の問題が理解されたかどうか、疑わしいところがあります。最近、人権意識の高い「ウォーク（目覚めた）」をきどる企業やセレブの欺瞞についてのさまざまな研究や著書が出ています。しかし、「ウォーク」たちの盲点が、非西洋世界、とりわけイスラム世界ではないでしょうか。たとえば、CEOがジェンダーや人種にまつわる差別発言をすると、「差別企業の服は買うな」と不買運動がすぐ盛り上がる。しかし、ガザでイスラム教徒がこれだけ大虐殺されていて、しかもそれを「かっこいい」と称揚するような広告を出したブランドに関しては何も言わず、相変わらず買い続けている人も多い。自分たちに関わる、あるいは想像力が及ぶ範囲で起きている差別については、すぐさま抗議の声を上げるのに、「異質な他者」への差別については無頓着。その非対称性は、人権が本当に普遍的なものとして理解されているのか、疑問を抱かせるのに十分なものです。

　今回、ガザに入った一人のイスラエル兵が、無惨に破壊し尽くされた場所に、あらゆる愛と多様性を称揚するレインボーフラッグを立てました。イスラエルは、同性愛に厳しいイスラム世界とは対照的に、同性愛者に寛容な、人権先進国であるというイメージを打ち出し、自分たちが行なう暴力や占領の問題を隠蔽する「ピンクウオッシュ」を批判されてきましたが、これはそのもっともグロテスクな事例です。虐殺と破壊が行なわれた場所に、あらゆる存在への愛や尊厳をうたう旗を立てたわけですから。

ＬＧＢＴの権利は大事です。保護・促進されていかねばならない。しかし対外的にアメリカやイスラエルのような国家が、「ＬＧＢＴに対して寛容な人権先進国」を自認して――もっとも現在アメリカの最高裁は保守派が絶対的な多数となっており、揺り戻しの可能性もあると見られていますが――、「ＬＧＢＴに非寛容な人権後進国」とみなされたイスラム諸国への軍事行動や暴力、差別を正当化してきたことも見つめなければならない。欧米の人権活動家には、後者の事実を見ないようにしてきた、あるいは本当に気づいていない人も多いのではないでしょうか。

2023年10月20日、エジプトのラファ国境検問所を訪問し、水や燃料などの支援物資を積んだトラックのガザへの通行許可を嘆願する国連事務総長グテーレス　写真：AP/アフロ

2023年11月17日、ベルリン首相官邸記者会見で、ドイツのショルツ首相（右）に「反ユダヤ主義というのは、ヨーロッパのあなたたちの問題だ」と主張するトルコ大統領エルドアン
写真：ロイター /アフロ

反ユダヤ主義の変奏としての反イスラム主義

内藤　前にも触れましたけど、トルコのエルドアン大統領はこの問題が起きて以来、「反ユダヤ主義というのは、ヨーロッパのあなたたちの問題だ」「イスラム世界は逆に、反ユダヤ主義なんて持っていない。つまり我々は過去に負い目を負っていないのだ」と主張しています。

三牧　ドイツのショルツ首相との会談でしたね。

内藤　はい。欧米はこの発言を絶対真剣には受け取らない。

三牧　それどころか、「じゃあトルコは虐殺の過去はないの？　イスラエルのこと批判できるの？」という反応すらあった。ここにもダブルスタンダードがあるように思います。欧米にウイグル民族の迫害を批判されると、中国は「欧米は他人のこと言えるのか？」と返しますよね。そういう中国の態度を、欧米はWhataboutism（ホワットアバウティズム）（論点のすりかえ）と批判してきたはずです。今回のガザ危機に際し、マレーシアのアンワル首相やエルドアン大統領など、非西洋諸国の首脳が「欧米諸国は虐殺を黙認している」「さらには支援している」と批判し、欧米の人権問題についてのダブルスタンダードを問うと「じゃあ、あなたたちは、脛（すね）に傷はないの？」「あなたたち、欧米に人権について説教できる立場なの？」と論点をずらして、自分たちへの批判に正面から向き合わない。まさにそれは、自分たちがいつも中国に向かって「やるな」って批判しているとではないでしょうか。

内藤　ずっと長いこと私はトルコを見てきたから、非常に興味深いのは、トルコって過去20年間、今の政権のもとで、民主化が進んだんです。少なくとも軍が政治に介入できなくなったのは確かで、過去のトルコではありえなかったことを成し遂げた。軍は建国の立役者として強大な力を持っていました。ミャンマーの軍政ほどではないですけど、タイぐらいの力は持っていたわけで、それをシビリアンコントロールで抑え込んでいくというのは大変なことなんです。

２０２３年5月の大統領選では、エルドアンは52％しか取れていない。48％は敵なわけで、国民の半分が敵って、ちゃんと数字に出ている。半分しか支持を得られない独裁者なんていますか？　ところが、欧米のメディアを通じてトルコが語られる時というのは、まず間違いなくエルドアンが独裁者として登場する。トルコは民主化ができていないと。あなたたち、どこを見てそれを言っているんだ？とも言いたくなります。

ずっと西欧から嫌われてきた国の研究をしていると、偏見が積み重なるとそれ以外の見方というものは出てこなくなってしまう。

たとえば、ロシアの侵攻が始まったらウクライナのＥＵ加盟が突然話題になってくる。ＥＵの前身も含めれば、加盟交渉で、トルコは50年以上待たされてきました。加盟交渉開始となってからも、20年近く待たされて、そんな国は他にないんですね。でも、「トルコよりウクライナが先とはどういうことなんだ？」なんて、ヨーロッパの国は決して言わないんですよ。

三牧　今回もそうした議論はないようですね。

内藤　トルコは、自分たちが入れると思ってないでしょうけど、逆に言うと、この20年、EU加盟のために努力はしてきたという事実はあるわけです。一定の民主化とか人権とか、全部前進したんですよ。だからトルコの国内では、EU加盟できなくても、それでいいじゃないかというこことになった。もう今さら入れてくれないだろうと。彼らはしょせん「キリスト教クラブ」だからって。

三牧　EUがいかに普遍的な価値の体現者を自認しようと、非西洋世界から見れば、そのように見えるということを、本当はEUこそ、重く受け止めて刷新を図っていくべきですよね。

内藤　だから、同じことなんですよ。ハマスが支配権を取った時に、テロ組織と決めつけないで、テロ組織であるかもしれないけど、「武装闘争をやめて、政治プロセスのほうにどうやったら行けるか？」ということに、もし国際社会が早く取り組んでいれば、今日のようなことにはならなかった。

結局そういう契機が生まれた時に、イスラエルが、嫌だ、冗談じゃないと言って、アメリカもそれに同調する、EUも同調する、その結果大半の国はハマスをテロ組織と決めてしまう。テロ組織と決めたら交渉はできないので、その後は何も進まない。

トルコのEU加盟交渉にも、実は似たようなプロセスがありました。2005年にEU交渉はいったん始まったのですが、翌年にEU側が一方的に交渉を止めて、その後はほとんど没交渉状態になってしまって。あれ、止まった理由はトルコじゃないんです。ギリシャ系キプロス共和国を承認していないという理由なんです。

キプロスがEUに加盟する時に、当時の国連のアナン事務総長が、南北に分断されているキプロスの再統合を提案したんです。アナン提案の是否を問う住民投票をやったところ、ギリシャ系が蹴ってしまった。トルコ系は再統合を承認したのですが結局、あたふたしているうちに1週間経って、ギリシャ系のキプロス共和国だけがEUに入ってしまう。そうすると今度、キプロスは正式加盟国ですから、すべてにわたって拒否権を行使して、トルコには交渉を進展させる余地がなくなってしまった。

三牧　でも、トルコにとってEUに入る価値は、今どうなんですか？

内藤　やっぱり若い人は入りたい。

三牧　EUもちょっとブランド的な感じがあるんでしょうか。

内藤　いろんなことについて、EU基準があるじゃないですか、食品から環境まで。あれは確かに、基準を守るとマーケットも広がるわけで、実際、トルコの製品の販路は大きく拡大しました。

三牧　実利もあると。

内藤　そう。トルコの企業家たちと話していると、ＥＵスタンダードを受け入れたことによって、トルコは着実に進歩したと言っている。だから、それ自体は別に後悔してないし、ＥＵに恨みもない。ただ、政治的にはやっぱり非常に不信感が強い。結局、ＥＵは弄ぶだけだったんじゃないかと。

三牧　トルコに対して。

内藤　エルドアンみたいなイスラム主義者が出てきて。それだってパレスチナと実は同じことなのです。イスラム政党が出てくる前は厳格な世俗主義を守るというのが国是。ただし、世俗主義の守護者は軍。その軍の力が恐ろしく強くて、クルド人に対する迫害を公然とやっていた国だった。だからその当時、ヨーロッパはトルコをファシスト国家と呼んでいた。しかし、エルドアンが出てきてから強すぎるトルコ民族中心主義を少しずつ変えていった。ところが今度は、「あいつらイスラムだから嫌だ」と言い出した。「イスラムはヨーロッパではない」みたいな声が、エルドアン政権ができてすぐ２０００年代の前半には噴き出してくる。

三牧　全然、反ユダヤ主義を克服できていないですね。

内藤　できていないです。反ユダヤは言っちゃいけないけど、反イスラムならＯＫ。その頃からずっと見ていたので、今になって反ユダヤ主義の話をヨーロッパが持ち出すのはまったく違うだろうと思う。

三牧　しかもイスラエルに肩入れし、イスラムフォビアをあらわにしてきたような右派政治家たちが、今もっとも声高に「反ユダヤ主義の台頭」への懸念を表明し、親パレスチナの動きを封じ込めようとしている。

内藤　だったら反ユダヤ主義と反イスラム主義と、何が違うのかと思います。

民主主義のための殺戮の歴史を直視できない欧米

三牧　ＺＡＲＡやグレタさんの件でも話しましたが、ＳＤＧｓなどを大々的に掲げてきた欧米の人権意識の浅薄さが、ガザ危機であらわになってきています。たとえばＥＵは、イスラエルの入植政策への抗議として、入植地産の製品にはそのような表示を義務づける、といったことをしてきた。でもこの局面で、つまり万単位のパレスチナ市民が犠牲になっている局面で、壊れたラジオみたいに「イスラエルの自衛権」と繰り返して、その無差別殺戮を容認し続ける。戦争犯罪が強く疑われる攻撃を許容し続ける。あれだけふだんは声高に人権や人道をうたっているのに、それって結局ファッションとして掲げてきたにすぎないのではないか。そういう怒りが湧いてきます。

内藤　そう。

三牧　ガザでは全人口220万のうち2万超、人口の約1％の人が2カ月という短い間に亡くなっている。この事態を容認して、今後「人道」とか言ってもまったく信じられない。

内藤　そうなんです。そこが今後の世界秩序を考える時、非常に深刻な事態なのです。別に人道、人権や自由そのものに、価値がないわけではないのですが……。

三牧　はい。別に私たちも欧米をあげつらいたいわけではなくて、人権や人道とかを実現しようとした時に、あまりにあからさまなダブルスタンダードを放置すれば、規範そのものが揺らぎ、国際秩序の基盤が深刻に掘り崩されてしまう。

内藤　最近、共生論の授業を持っているので授業でも話すんですが、「最低限、殺すな」という大前提を了解しないことには、共生なんて話しても意味がありません。

三牧　本当、そうですよね。

内藤　殺しておいて、殺しを黙認しておいて人権の話なんて意味がないわけ。

三牧　アフガニスタンの人道支援に生涯を捧げた中村哲先生も同じ趣旨のことをおっしゃっていましたよね。中村先生は、「女性の権利」を大義として掲げたアメリカのアフガニスタンへの軍事行動の欺瞞を、完全に見抜いていました。

内藤　ですから、人権、女性の人権も含めてですけど、それを改善させるためには、「決して銃で脅したってできないよ」ということを、どうしたら欧米が理解するかということなんです。

ですが、そこはやっぱり思想的にも非常に難しい問題ですよね。

「民主主義」と言うのはいいんですけど、まず民主主義を作ってきたのは欧米の側で、その制度って多大な命を犠牲にした上で、要するに、どれだけ人を殺してから作り上げたかということを、よく考えろということですね。

三牧　今回の軍事作戦の中で、イスラエルの政治家からは、核使用を示唆する発言や「1回ガザを更地にしてやろう」といった発言が相次いでいます。

内藤　「広島で13万人殺して、長崎で6万人殺したから（民主主義国家としての日本が）できたんだろう」と、公然とそう言うようになってしまう。

三牧　日本は抗議すべき発言だったのではないですか。現役のイスラエル閣僚による核使用を示唆する発言に対し、アラブ諸国は抗議しましたけど、日本は反応しなかった。ちょうど上川陽子外相が中東訪問するタイミングで、イスラエルとの間に波風立てたくなかった、ということもあるんでしょうけど、非西洋諸国がこれだけ声を上げている中、とりわけ核をめぐる発言については被爆国として言うべきことはあったと思います。

内藤　情けないですよね。

三牧　アメリカやイスラエルの行動は、「民主主義国」は必ずしも「平和を愛する国」ではないことを示しています。エコノミスト誌やフリーダム・ハウスのような人権団体が定期的に出している民主主義や自由に関する指数や指標がありますよね。バイデン政権の肝煎りで開催されてきた「民主主義サミット」の招へい国も、これらを参考にして決定されてきました。もっとも、民主主義を大々的に掲げたこのサミットは、むしろ世界の分断を加速させたのではないかと批判もされています。100以上の国が招待されたのに、アジアからの参加は少なく、「呼ばれた国」「呼ばれなかった国」といった不要な分断を招きました。また、イラクが選ばれる――アメリカの「民主化」の成果を誇りたかったのでしょうか――など、選出の恣意性も指摘されています。世界平和に向けて少しでも前進するには、むしろこうした指数や指標を持ち出して、「非民主主義国」を断罪するようなことをまずやめることから始めなければならないのではないでしょうか。実際に、対外的に何をやってきたかを見れば、「民主主義」を自認する自分たちのほうがよっぽど血塗れたことをやってきているわけですし。

なお、イスラエルはエコノミスト誌の民主主義指数が高い国です。でも結局、「民主主義」の内実が大事です。これはユダヤ人にしか享受されない民主主義であって、アラブ人は排除されている。民主主義の名のもとに、アメリカやイスラエルがどれだけ殺人をしてきたかも見なければならない。

確かに中国の人権侵害はとんでもないものです。2023年12月、香港の著名民主活動家で、中国政府の影響下にある香港警察によって逮捕・長期拘禁され、保護観察下にあったアグネス・チョウ（周庭）さんがカナダへ亡命しました。その後のインタビューで、「自由」の尊さを何度も語っていた。習近平体制の恐ろしさ、非道さを改めて実感させられました。

しかし、第二次世界大戦後の歴史において、対外的にどれだけ人を殺してきたかということを指標にすれば、アメリカが突出していることは否定できない。「民主主義のためにやった」「テロとの戦いだった」というような言葉で、過去の殺戮を正当化し、目を背け続けてはいけないと私は思うのです。自分たちが犯してきた殺戮の歴史と、それと向き合えていない過去があるから、アメリカはイスラエルの残虐行為をきちんと批判できない、そういう背景もあるのではないでしょうか。

反転するホロコースト体験

内藤　ガザは、あの地域に囲い込んでおいて、殺しているわけですから、ドイツや、たとえばチェコとポーランドみたいにユダヤ人を集めてきて収容して殺したというのと比べると——規模は比べようもないけれど、短期間にすさまじい殺戮であることは間違いないですよね。

三牧　はい。

内藤　というか、考えておいたほうがいいと思うのは、この後、そういう人道に反する罪、戦争犯罪を思い浮かべる時に、21世紀はナチスに代わってイスラエルが記憶されることになることを、彼らはわかっているのか?ということです。

三牧　彼らは過去に自分たちが受けた被害を、今の行動の正当化に使っている。だから「犠牲者」と言っている彼ら自身にとって、本当にどれだけホロコーストが重いのか、正直考えてしまいますよね。２０２３年10月末、イスラエルの国連大使は「ネバー・アゲイン」と書かれたダビデの星を胸につけて、ハマスを非難し、軍事行動の正しさを訴えました。ダビデの星が背負った歴史やその意味を本当に重く受け止めていたら、こんなことできるでしょうか。

内藤　ちょっと信じられないほど安直なアピールでしたよね、あれは。

三牧　韓国で教鞭（きょうべん）をとられている林志弦（イムジヒョン）教授が「犠牲者意識ナショナリズム」という重要な概念を提示されていて、それはイスラエルのみならず、グローバルに見られると指摘されています。「犠牲者意識ナショナリズム」とは、戦争や植民地支配、ジェノサイドといった前の世代の集団的な犠牲の経験や記憶を継承した後の世代が、自分たちも悲劇の「犠牲者」だとして、今の自分たちの政治的な立場を正当化するナショナリズムのこと。このナショナリズムが支配的な国は、いつまでも自民族の過去の悲劇や犠牲を強調し、自分たちを「犠牲者」として位置づけ続けることで、今、自分たちが遂行している政策の問題性や加害性を隠蔽してしまう。日本も、アジア・太平洋戦争に関する公的記憶においては、空襲、沖縄戦、原爆など、自らが被害者であることが強調され、アジア諸国に対する加害への注意や認識が相対的に希薄な「犠牲者意識ナショナリズム」の一例として分析されています。

林教授は、イスラエルについても分析しています。イスラエルは、過去の犠牲の悲劇性を強調し、それをパレスチナ人への加害行為の正当化に用いてきたわけで、典型的な「犠牲者意識ナショナリズム」です。ただ、ホロコーストという過去にユダヤ人を襲った悲劇はパレスチナ人が起こしたものではないし、過去に自分たちが大きな犠牲を強いられた経験をもって、現在、ある集団に大きな犠牲を強いることを正当化できるわけはないのですが。

内藤　ドイツが、イスラエルに対して「どうぞやってください」と言い続けたのは異常でした。

三牧　11月にドイツを訪問したエルドアン大統領が、「私たちはホロコーストをやったわけではないから、いくらでもイスラエルの戦争犯罪を批判できるんだ」と言った時、ショルツ首相がまるでその発言を聞いていないかのように、「イスラエルにも自衛権はある」「彼らは戦争犯罪をしていないと信じる」と繰り返したことが想起されます。バイデン政権も、若干トーンは違っても基本的にドイツと同じ立場です。「イスラエルは戦争犯罪をしていないと認識している」「イスラエルに戦争犯罪をしないように苦言を呈した」といったことを繰り返すばかりで、現実にイスラエルが行なっている、強く戦争犯罪が疑われる攻撃を止めようと必死になるわけでもない。それどころか手厚い軍事支援や武器供与をして、むしろ幇助(ほうじょ)している。

内藤　「していないことを信じたい」という、なんとも見て見ぬふりそのままの発言でした。

三牧　「していないはずだ」みたいな話で、結局そういう行動を黙認しているわけです。ホロコーストの時代と違うのは、欧米の首脳たちが何を言おうとも、私たち市民はSNSなどを通じ、ガザから送られてくる惨状を自分の目で見ることができるということです。

もう言葉の歪(ゆが)みの極みですね。アウシュヴィッツ絶滅収容所の跡地に建てられた国立アウシュヴィッツ＝ビルケナウ博物館の理事会も、11月に同じような趣旨の書簡を出していました。「その存続を脅かされているイスラエル国家は、国際法と人道主義の原則に従い、自衛の権利を有している」「自由で主権があり民主的なユダヤ国家の存続は、世界平和の柱の一つである」と強調するものでした。イスラエルが「自衛」の名のもとにいかに犯罪的な軍事行使をしているか、それによってどれだけのガザ市民が犠牲になっているかに、まったく関心がないかのような文章でした。

もっとも声高に「ホロコーストの悲劇を繰り返してはならない（ネバー・アゲイン）」と世界に向かって掲げてきたホロコースト関連団体が、今、ガザで進行している「ジェノサイド」が強く疑われる事態にまったく関心を持たないという矛盾。どうして殺されているのがユダヤ人ではなく、イスラム教徒だったらここまで無感情、無関心を決め込められるのでしょうか。しかも殺しているのはユダヤ人で、過去の悲劇が、現在の暴力を正当化している。ここにイスラム教徒に対するレイシズムがあることは否定できない。

ホロコーストは筆舌に尽くし難い悲劇ですが、それが「犠牲者意識ナショナリズム」を生みだし、加害の根拠となっている現実を見る必要がある。またホロコーストの悲劇の唯一無二性を強調することが、他地域で起こってきた虐殺への軽視や無関心につながってきたという問題もある。冷戦期のベトナム戦争にしたって、300万人もの市民が亡くなっているわけで、規模としてはホロコーストと同等の悲劇は起きている。本来、ホロコーストという壮絶な悲劇から得られる教訓は、こうした悲劇への共感力を高める方向に作用すべきなのに、まったく逆のことが起こっている。

「悲劇を繰り返すな」というのは、ユダヤ人だけを対象とするものであっていいはずがなく、あらゆる人々を対象にしなければならない。私たちはホロコーストの生存者やその悲劇を伝えてきた団体が陥っているこの深刻な矛盾を見据え、「ネバー・アゲイン」を、「ネバー・アゲイン、フォー・エニーワン（すべての人々に、ホロコーストの悲劇を繰り返すな：Never again for anyone）」という普遍的なものへと高めていかねばなりません。

内藤　エルサレム・ポスト紙に載ったデイビッド・ワイマー・ホロコースト研究所所長によると、次世代のパレスチナ人をテロリストにしてしまう可能性があるから、イスラエルに自制を求めた発言に対して、アメリカのオースティン国防長官と、参謀総長が「大間違いだ」と真っ向から非難したそうです。そもそもこの所長の意見だと、ハマスがガザで実権を握った時に、当時の米国務長官だったコンドリーザ・ライスがそれを黙認した、と。

三牧　どういうことなんでしょうか。

内藤　芽を摘まなかったことがこのような禍根を残した、と。だけど、それを言うなら、その時にガザから撤退したのはイスラエルですからね。イスラエルが撤退したから、ガザの中で選挙が行なわれたわけです。要するに、その時に実力でハマスを潰しておくべきだったと言っているわけです。だけど、イスラエルはその時に、ガザの占領をやめて出ていったので、言っていることが矛盾しているんですよね。

　その次に出てくるのが結局、「連合軍がハンブルクを制圧した、ドレスデンを破壊した、東京を焼夷弾（しょういだん）で焼き尽くした、広島と長崎に原爆を落とした。にもかかわらず、アメリカやイギリスの指導者は、ドイツや日本の子どもたちが反米テロリストになることを恐れていなかった」と。そっちに話がいってしまう。これは、論理的にとんでもなく飛躍する。

三牧　ひどい飛躍ですね。

内藤　ですが、同じような話がエルサレム・ポスト紙の別の記事でも出てくるので、別にこれは突飛なケースではまったくないですよね。

三牧　イスラエルの地方自治体の長からは、「ガザをアウシュヴィッツのようにすべきだ」みたいな発言すら飛び出している。

内藤　そうそう、「すべきだ」になってしまうんですよ。

アメリカの空疎なサウジアラビア批判

内藤　結局ユダヤ人に対してやったことを、じゃあイスラム教徒に対してもやってもいいということになっていますが、今、世界でそれに対する反論というのは、一つはアパルトヘイトを拒否する南アフリカから、そしてもう一つはエルドアンをはじめとして、イスラム圏のリーダーからしか出てこない。

サウジアラビアはあまり表立って政治的には発言していませんけれども、やっぱりメッカとメディナと二つの聖地の守護者ですから、アメリカの意向には従わない。ムハンマド・ビン・サルマン皇太子（ＭＢＳ）は数年前まで政敵が怖いものだから、ワシントン・ポストにコラムを寄稿していたジャーナリストのカショギを暗殺した黒幕とされたり、国内の敵を一斉に拘束したりといろいろやっていたでしょう。ところが、どうやら彼の権力基盤は落ち着いてきた。もはや国内に敵はいないので、国内世論、それも若者たちの意向を汲んだ改革をするようになってきた。

彼は、サウジアラビアの若者たちが何を考えているかということを知るため、逐一、ＳＮＳの情報を監視している。若者たちの「何が欲しい」「何をしたい」という動向を見極めながら、規制を緩和しているのです。ただし、自分の権力に触れるところだけは絶対に譲らないですが。

サウジアラビアのSNS上には、今はパレスチナに対する同情が溢れています。そうするとイスラエルとの国交を促す「アブラハム合意」など持ち出すタイミングではないと彼はわかっています。民意がどっちを向いているか、彼はSNSを監視することで知っている。彼にとって重要なのは統治の正統性を高めることですから、アメリカに従う必然性などありません。

三牧　権威主義国家のほうが民意を気にするケースがある、というのは最近、さまざまな研究で指摘されていますし、実感としても納得できるところがあります。

内藤　いつ潰されるかわからないから。

三牧　むしろガザ危機については、民主主義をうたってきたアメリカのバイデン政権こそ、ガザ即時停戦を求める世論が過半数に達し、イスラエルの軍事行動を支持する人が減り続けている現実を無視しています。

内藤　皮肉なことに、民主主義国家のほうがそうなんですよ。権威主義国家のほうが、自分たちがいつ足をすくわれるかわからないから、逆に言うと一定のところまで民意を反映させる。少なくとも規模が大きな権威主義国家のほうが大々的な人殺しという挙には出てこない。ただ、「アラブの春」の時のように、民衆が興奮状態になって権力に刃（やいば）を向けると、とたんに信じられないような暴力で民意をつぶしてしまう。

三牧　バイデン政権は、サウジアラビアの現体制に批判的なジャーナリストのジャマル・カショギが殺害されたことについて、人権の観点からずっとサウジアラビアを批判してきたわけですが、ガザ危機について見えてくる構図はこれと逆です。サウジアラビアやアラブ諸国が即時停戦を求め、イスラエルに「もうこれ以上殺すな」と主張しているのに対し、バイデン政権は、イスラエルの軍事行動を追認し続けている。

もちろん反体制派のジャーナリストの殺害は許せない話で、サウジアラビアを人権侵害国家と批判するのは当然ですが、では自分たちは人権や人命を大切にしているのか。ガザでこれだけの虐殺が起きているのに、「自衛」をはるかに超えた規模の軍事行動が起こっているのに、まだ「イスラエルの自衛権」などと言ってそれを擁護している。ここにアメリカの人権外交の恣意性が端的に表れています。それを普遍的なものに近づけていくために、カショギの殺害も、ガザの問題も両方、人権の観点から問題にしていけばいいのです。しかしバイデン政権は、自分の人権外交の矛盾や恣意性に気づいてすらいない。

内藤　もう単なる嘘つきですね。

三牧　自分の嘘に、自分が欺かれてしまっているような状況です。

内藤　カショギの事件は、舞台がイスタンブールでしたからずっと経緯を見ていたんですけど、トルコ側は証拠をつかんでいた。サウジアラビア総領事館の中に、入ったきり出てこないわけだから、そこで消されたことは明らか。サウジアラビアは消した証拠も隠滅したんですね。猟奇的な話ですが、薬品か何かで溶かしてしまったと報じられていました。しかしトルコ側はキラーチーム15人が、どの飛行機とどの飛行機に分かれてきたかを全部監視映像で捉えていましたから、それをサウジアラビア側に提示したのです。するとMBSはキラーチームを解任・逮捕してしまいました。そして自分は生き残ったわけです。

その当時エルドアンがカショギ事件について何を言っているか逐一聞いていたんですが、サウジアラビア王家に対しては批判を言わない。サルマン国王も存命ですし、あくまでやっぱりイスラム世界の二つの聖地の守護者ですから。この事件の背後にいるのがMBSだとはほのめかして批判していましたが。

すると証拠をトルコにつかまれたムハンマド皇太子も、だんだん困ってきたんです。結局カショギの遺族を呼んで、賠償をするというような流れになっていった。トルコ側も最後には、捜査資料を全部渡すということで、手打ちにした。トルコはそのようにこの件について一応けじめをつけたんです。

一方、アメリカはサウジアラビア批判をし続けたけれど、結局口だけでしたね。

三牧　でもバイデンは2023年9月、議長国のインドの首都ニューデリーで開催されたG20サミットの時には、かつて「殺人鬼」と批判したMBSにむしろすり寄っていました。今やヨーロッパではウクライナ、中東ではガザでアメリカの政策は行き詰まっており、中国に対しても宥和的なアプローチを取り始めています。ヨーロッパ、中東、アジアの「三方面」で紛争を抱えることは、今のアメリカには不可能ですし、賢明ではない。中東に関してもアメリカの力でどうにかできることは限られている。

内藤　ロシアのウクライナ侵攻で原油価格が上昇した2022年の7月、突然バイデンがサウジアラビアに行きましたよね。

三牧　そうですね、詣でていましたね。

内藤　何しに来た？みたいな対応をされて帰された。ウクライナ侵攻の時に、OPECプラスは減産の方向になってしまっていて、だから増産させなきゃということで行ったんですけど、何の下準備もしてなかったようです。

三牧　大統領である自分が行けばなんとか話をつけられる、と過信したのではないでしょうか。

内藤　何の反応もありませんでしたね。あの辺の国って、もてなしているか、もてなしてないかって一目瞭然でわかるから。誰がどこまで迎えに出てきたとかで。この間プーチンがUAEに行ったら、上空を戦闘機が飛んで、ロシア国旗の煙幕を演出していましたよ。

三牧　ええー。

内藤　本当に国賓の扱いで。プーチンも他に行けるところがないものだから、大変上機嫌でしたね。もちろんプーチンのロシアがいいとはまったく思いませんが。

ウクライナ戦争へのトルコの対応

内藤　トルコの対応を見ていると、ウクライナ戦争に関してロシア、ウクライナ両方と関係を切らないじゃないですか。欧米はとにかく「ロシアと協調しているのはけしからん」の一点張りでしょう。

だけどトルコの理屈は欧米の口先だけの大義とは無縁です。自分の隣人同士がけんかしている時に、どちらかの肩を持ったら、戦争終わった後、もう一方は口も聞いてくれないでしょう。「あの時、あっちの味方したよね」と。そういう遺恨は未来の紛争につながりかねませんし、末代まで祟(たた)ります。

だからトルコは欧米に対して、うちにとってはロシアとウクライナ、両者とも隣国であり付き合いは断たないと明言した。もちろん国連でのロシア非難決議では、トルコは全部賛成しています。棄権したことはありません。ロシアの侵略をきっちり非難する。ウクライナの領土の一体性を損なったという理由で、ロシアの侵略は認めない。しかし、通商関係を切れというなら、それはできないと言っているわけ。

だけど、そういうトルコの姿勢というのは、「何か優遇してもらおうというロシアに対する思惑があった」と欧米のメディアはバイアスをかけて書くわけです。それをまた、日本の新聞が翻訳をしてそのまま伝えますので、トルコの外交のありようがうまく伝わらないんです。

三牧　ウクライナとガザの危機を並べると、これまで「人権」や「法の支配」を掲げてきた欧米諸国は本当に人権や国際法に関心を持っていたのか、疑問に思えてきます。ロシアとウクライナの戦争は、結局ヨーロッパの安全保障に関わるので関心を集め、ロシアへの批判や対抗措置が真面目に議論され、実行された。しかし、ガザはイスラエルという「盟友」が起こしている危機なので、批判はしない。それはそれでいいんです。現実主義で。しかし、大国による「人権」や「法の支配」といった大事な概念の濫用は、それらへの信用をいよいよ弱めてしまう。「ヨーロッパだって、そんな価値、信じてもないし、誠実に実行しようともしていないじゃないか」と。

「そこにいる権利があるパレスチナ人」という大前提

三牧　内藤先生もおっしゃっていましたけど、パレスチナ難民の問題は欧米にとってやはり他人事（ひとごと）ですね。まったくもって冷淡ですね。

内藤　そう。難民が出られないと知っているから、特にヨーロッパは冷淡なんです。もし、ガザから難民が溢れ出てこられるような状況だったら、ヨーロッパは、もっと真剣にイスラエルを制止したはずです。

なぜ「パレスチナ難民」はＵＮＨＣＲ（国連難民高等弁務官事務所）ではなくＵＮＲＷＡがやっているのか？　私はこのことに難民問題の授業で必ず触れます。最初に、「難民を所管する国連の機関ってどこだか知っている？」と聞くと、学生はたいてい知っている。だけど、パレスチナはＵＮＨＣＲが所管していないことを知らない学生が多い。

歴史的に、パレスチナ難民のほうがＵＮＨＣＲの成立より古い。１９５１年の難民条約採択後にＵＮＨＣＲができるのですが、イスラエルは１９４８年建国で、その時にすでに発生してしまった難民が、今のジャバリア難民キャンプだとか、ハンユニスにいるわけです。

そこのキャンプ出身の、うちで学位を取って助手も務めてくれた友人と話した時に、私は「あなたたち、自分たちのこと難民というのをやめたら？」と言ったんです。そうしたら、そんなこと言われたことないものだから、「なんで先生、そんなこと言うんですか？」と怪訝な顔をされました。「いや、難民というのは、難民条約以降の定義では、自分の国で迫害されて、〝国境を越えて他の国へ行った人〟のことを指している」。おそらく今の世界で refugee といった場合、それをイメージしている。

「だけどあなたたちはそこにいる権利があって、しかもなおかつパレスチナにいる。もちろん元の居住地から移動を強制された。それにヨルダンやシリアに行って、本当に「難民」になったケースもあるけど、パレスチナにいる人はいわゆるrefugeeじゃないのだから、〝自分たちはパレスチナ人〟でいいじゃないか」と言ったんです。彼は真剣な顔をして聞いていてね。その後、「先生の言ったことを自分たちで議論してみたい」と言っていました。

当たり前のように我々は「難民」と言っているけど、「パレスチナ難民」は緒方貞子(おがたさだこ)氏が活躍されたUNHCRの所管ではなくて、UNRWAの所管です。United Nations Relief and Works Agencyです。「救済して就労機会を作る」。つまり、救済事業機関みたいな名前なんですね。実はUNHCRができた後も、パレスチナだけはそのまま別扱いになっているんです。なので、学校とか何かも全部UNRWAがやるということになっている。

ところが、イスラエルでは、このUNRWAが邪魔だ。この国連機関が反イスラエルの拠点だとまで言い出している。住民にとって、安全の最後の砦(とりで)になってきた国連機関の建物や施設でさえ平然と攻撃してくる。もはやイスラエルにとっては、UNRWAという国連機関も敵なのです。

こういうことを踏まえて、「難民」と言っても、シリアからの難民とパレスチナの難民とは同等にはならないということは、ちゃんと歴史的に認識しておかないといけない。

そもそも論として「難民だから助けてあげなきゃ」という感覚ではなくて、そもそもパレスチナ人は「そこにいる権利がある人たち」なのだという点が重要なのです。

三牧　そのとおりです。欧米や日本は毎年イスラエルの独立記念日に、無邪気にお祝いのメッセージを出しますが、無自覚なコロニアルな意識の表れではないでしょうか。イスラエルは、長年住んでいたパレスチナ人を追い出して作った国、しかも現在進行形でパレスチナ人を軍事封鎖や暴力で苦しめ、土地を奪い続けている国なのですから。二国家共存が実現して初めて「祝う」という発想が出てくるはずではないでしょうか。

内藤　植民国家ですからね。

三牧　それを無邪気に祝えるという感覚。自分たちも過去の歴史で同じようなことをやってきた国でないと、こんな無邪気で、それゆえに罪深いことはできないのではないでしょうか。再び土地から追われるかもしれないパレスチナ難民について、欧米諸国には、「周辺のアラブ諸国が受け入れればいいではないか」という冷淡さを感じます。もっとも今回、アラブ諸国がパレスチナ難民の受け入れに消極的なのは、一つには、ガザから追い出された人たちをまたもや受け入れてしまったら、「ナクバ」の再来になってしまう、という懸念もあるでしょう。内藤先生がおっしゃるとおり、パレスチナ人とは、どこかの国に受け入れられるべき難民ではなく、ちゃんとパレスチナの地に帰還権がある人たちであること、パレスチナ問題の一つは、そういう人たちがずっと帰還できずにいることだという認識を持つことが大事だと思います。

内藤　はい。だからガザの人たちの感覚としては逃げることができない。ひとたびラファの検問所からエジプトのシナイ半島側に出てしまったら、二度と戻れないとわかっている。

三牧　二度と戻れないですし、そんなことを国際社会が許してはいけない。

内藤　そう、それを要求するっておかしいですよね。北部から南部へ避難するのだって、あれだけ抵抗したのはそのためですよ。また、シナイ半島へ行ったらイスラム国（ＩＳ）もいますからね。ハマス以上に過激になって戻ってくるかもしれません。

「過去に何があったのか？」という問い直しの重要性

内藤　いったいこの後どうするつもりなのか？　私はイスラム教徒ではないし、暴力的な集団は一切支持しませんが、何度も言うように、パレスチナの歴史を知らないまま、現在だけを切り取って、あるいはもっと狭い時間の10月7日以後だけを切り取って、「イスラエルのやっていることが正義で、ハマスがやっていることはテロなのだ」という、そういう二項対立的な視点を持ち込むことはできない。

ただでさえ歴史認識というのが、非常に揺らいできている。日本だけではなくて世界的に揺らいでいる。「過去に何があったのか？」ということを、公平に問い直すことができなくなっていますよね。

たとえば１９９０年、東西ドイツが統一した直後って、ドイツの中でナショナリズムが非常に高揚して、ネオナチまで力を持って、移民の家や難民の収容施設が攻撃される事件が起きていたんです。1992年にはメルンで、1993年にはゾリンゲンでトルコ人の一家が焼き討ちされて殺されました。

その当時、大統領だったヴァイツゼッカーは、「ドイツは自分たちの過去に向き合わなければいけない」と言っていたんです。「過去に対して盲目であってはならない」と。一方、首相のヘルムート・コールは、東西ドイツを統一させてどうやって軟着陸させるか、それに腐心しているわけですから、そんなことかまっていられない。はたで見ていると、そんな状況下でヴァイツゼッカーが良心の人としてドイツのあるべき姿を体現していたことがわかります。

また、ドイツでの一連の事件についてイギリス、フランス、オランダが「ナチズムが再来しているのではないか」とドイツを批判していましたから。当時の外務大臣のクラウス・キンケルは「そんなことはありません」とひたすらお詫び行脚をしていました。

その時のドイツはまだそういう顔を見せていたんです。でも、今回シュタインマイヤー大統領は、そういうメッセージをまったく出してない。それどころか、リベラルな左派だったはずの緑の党のハベック副首相の発言については先に触れたとおりのひどい有り様です。

今回のガザの問題を切り口として出てくるドイツの状況というのは、ちょっと正気を失ったかと思うくらい、イスラエルの行為に対して客観的に判断することができなくなっているようにも見受けられます。ドイツが戦後一貫して持ってきた価値観というものを維持できるのかどうか、その瀬戸際にあるということを意味しているのではないかと思っているんです。

私はドイツを見る場合でも、研究テーマ上、あくまで移民の目線で見てきました。移民の視点だからこそ、見えるものがあるんです。

たとえば、東西ドイツが統一した時に、そこにいたトルコ人、パレスチナ人がどう思っていたか。それは、「三十数年の別離を乗り越えて一つになるのだから、自分たちにとってもうれしいこと。だけど、おそらく自分たちはその後排除されるだろう」と言っていたんです。ドイツでナショナリズムが強まれば、異質な人間を排除してしまうだろうということは、当時の彼らもわかっていたんです。やっぱり、ずっとドイツ自身、無理やり手足を縛っていたんでしょうね。今、それがほどけつつあるのではないか……。

いや、ほどけたのは、実は反ユダヤ主義に関してほどけたのではなくて、反ユダヤ主義を反イスラムにすり替えることによって、なんとか落ち着ける状況になったということです。私はそれを非常に懸念しています。もしそうなると、反イスラム主義に反発する跳ね返りのテロリストが出てくることは避けられないんですよ。

三牧　そこでまた「イスラム＝テロリスト」という決め付けと差別が強まりそうです。

内藤　そう。また「イスラムのせいだ」と。もう悪循環なんです。

トランプとバイデンはどちらがましか

三牧　「いったい誰がテロリストなのか？」「アメリカではないか？」。この問いを改めて考えることの大事さを感じます。この20年間、確かにアメリカで9・11タイプのテロは起きませんでした。もっともこれが、アメリカが戦ってきた「テロとの戦い」のおかげなのかどうかは、誰も立証できません。しかし、この20年間、いわゆる「ドメスティック・テロリズム」、国内でのテロは増加している。とりわけ極右団体のテロが増加しています。さらに「テロとの戦い」から帰還した軍人や退役軍人をどう社会に再び包摂するかという問題も生じています。さまざまな外傷やトラウマを負った彼らが、社会から疎外されたと感じ、インターネットを通じて陰謀論に染まったり、極右団体に惹きつけられるというケースが増えています。

そのことの問題性が露呈したのが、２０２０年の大統領選でトランプが敗北した後、それを信じないトランプ支持者が起こした連邦議会議事堂襲撃事件でした。参加者には、軍人経験のある人が相当いたことがわかっています。つまり、20年超続いてきた「テロとの戦い」によって、新たな「ドメスティック・テロ」の予備軍を生み出してしまった、とも言えます。「２００１年にブッシュが始めた対テロ戦争が、２０２１年の連邦議会議事堂襲撃事件をもたらした」ともいわれる所以です。

議事堂襲撃には、多くのキリスト教徒も参加し、聖書や十字架を携え、キリスト教の祈りを捧げながら暴力を振るう者たちがいたことが確認されています。このように近年のアメリカの事例を見てくると、「テロリスト＝イスラム」というのが恣意的なレッテルであることは明らかです。

２０２４年の大統領選はトランプとバイデンの対決の再来になる可能性がいよいよ高まり、現状ではトランプ勝利の可能性のほうが高いという見立てが強まっています。トランプは親イスラエルだし、排外主義的だし、国際協調にも背を向ける。でも、「少なくとも、この人は率直に語っている」と多くの人が思ってしまうものを持っている。一方、バイデンは口では人権や国際協調、寛容を語っている分、ガザ即時停戦に反対して無辜の市民の犠牲を容認したり、イスラエルに兵器を送り続けていることがもたらす幻滅は深い。

興味深い世論調査があります。ハーバード大学アメリカ政治研究センターが調査会社ハリス・ポールと提携して行なっている世論調査で、２０２２年、「もしトランプが大統領だったら、プーチンはウクライナに侵攻したか?」という問いに対し、６割超の人が「そうは思わない」と回答したのです。つまり、独裁者との「取引（ディール）」もためらわないトランプが大統領だったら、プーチンのような難敵でも、アクロバティックな策で危機を回避していたのではないか、多くの人がそう思っているのです。トランプはウクライナ侵攻直前、「プーチンが

（実質的な併合を目的に）ウクライナの4州の独立を承認したのは天才的だ」などと言って批判されていて、確かにこういう発言は困ります。しかし、ではバイデンのように「民主主義vs専制主義の戦い」とイデオロギー的にロシアとの戦いを意義づけ、あくまで戦い抜く、そういう態度で本当に危機を打開できるのか、人々は疑問を感じ始めています。アメリカ議会では、ウクライナへの追加支援が成立する目処（めど）は立っていません。

今のアメリカは、20年前にブッシュ政権が「テロとの戦い」を始めた時のような絶対的な強さを持った国ではありません。世界では今、民主主義国に対し、権威主義国が数で優越しつつあります。こうした困難な状況で平和を実現するには、「権威主義国」をただ断罪し、対決するだけでなく、まずは戦争を起こさないという何にも優先されるべき目的のもと、こうした国とそれなりの関係を築いていく外交が必要になってくる。それをやるのがトランプですとは、私は言い切れませんが、現状、少なくともバイデンの硬直した外交がうまくいっていないことは確かで、それは多くのアメリカ市民も感じているところです。

内藤　そうなんですよ。トランプの中東政策とバイデンも含めた伝統的な民主党の政策を比べると、民主党政権のほうが犠牲者が増える。オバマは平和主義で良さそうに見えたんですけど、シリア内戦では、あまりに不作為があって、結局、犠牲を食い止めるべきところでは動きませんでした。

アサド大統領の政府軍が化学兵器を使った時には軍事攻撃に出るとオバマは言っていたんだけど実行しなかった。アメリカからの攻撃がないということがわかったアサド政権は、暴力をエスカレートさせて、結果的に600~700万人も難民が出てしまう。おまけにオバマ政権最後の頃にロシアがアサド政権への軍事支援を強化した時点では、アメリカは止められなくなっていた。そこで政権がトランプに変わってしまう。

一方、トランプは、もう一回政府軍が化学兵器を使った時に、いきなり地中海からトマホークを発射するという脅しをかけました。その結果、政府軍の化学兵器使用は、いったんそこで止まるんです。そういう意味では確かに、トランプのほうが犠牲を食い止める結果にはなった。むしろバイデン政権になってからのほうがひどいんですよね。ただ、トランプはイスラエルのアメリカ大使館をエルサレムに移したり、アラブ諸国とイスラエルを近づけたり、パレスチナ問題に関しては、一切理解を示そうとしなかった。

三牧　意外に、トランプの時に戦争被害が少ない。

内藤　そう。彼としては「金にならないから嫌だ」って言っただけなんですけどね。

三牧　そうなんです。でも、そういう実利に徹する姿勢は、平和につながることもある。民主主義的価値を掲げ、イデオロギーで諸国家を色分けするバイデンは、身の丈に合わない外交をしているともいえる。ウクライナ、ガザに紛争を抱えてバイデン自身もさすがにそのことに気づき始めていて、今はもう極力対立を起こさない方向にシフトしています。政権発足当初は、中国の人権侵害は看過できない、厳しく批判すると言っていましたが、最近はほとんど形式的な批判しかしません。

オバマに話を戻しますと、結局うまくいきませんでしたが、原理原則として中東においてアメリカは、もう少しフェアな仲介者にならなければいけない、という感覚がオバマにはあった。今回のガザ危機に際しても、もちろん元大統領という、より率直に発言しやすい立場にあったとはいえ、ＳＮＳでいち早く、ハマスによるテロは非難されるべきだが、パレスチナ市民の犠牲を止めなければならないという趣旨の発言をしました。大統領時代の彼の政策には、こうした普遍的な人権感覚が反映されないものも多くありましたが、それでも人権は恣意的に適用されてはならない、アメリカは普遍的な人権を追求しなければならないという問題意識がやっぱりオバマにはあった。

バイデンには、トランプ的な、ある意味振り切った、「いや、アメリカは理念の国でも何でもないし、戦争なんて儲からないことはやらない」みたいな大胆さもありません。かと言って、多極化し、価値観も多様化する世界にあって、異なる価値観を尊重し、よりフェアな外交を展開して、融和と平和を図ろうといったオバマ的な青写真もない。前述したようにバイデンは副大統領時代に、中東政策に関してオバマが試みた「チェンジ」を押し留める役割すら果たしました。

複数の世論調査でも、「今日投票するとしたらどちらか」という問いに、トランプがバイデンに対し優勢を保ち続けています。勝敗を実質的に分けるとされるミシガン州やアリゾナ州などの接戦州でもトランプは優勢です。とりわけ、トランプのようなマイノリティに冷淡な大統領を嫌うアラブ系が多いミシガン州でもトランプ優勢という状況は、バイデンのガザ危機対応の帰結といわざるをえません。アラブ系はアメリカの人口の1％ぐらいですが、大統領選挙で接戦になる州の一つ、ミシガン州などに集住しています。同州にはアラブ系が20万人超いて、2020年大統領選でバイデンがトランプに勝った時の票差は15万票超くらいでしたから、アラブ系の投票行動によっては次の選挙でバイデンは同州を落とすことになりかねない。

第三党を望むアメリカ人

内藤　イスラム教徒は、実利を重視する商売人としての性格が強い。商売人というのは、商売ができる環境を作ることが最大の優先事項です。中央アジアから西アジアに至るまで、イスラム教徒は1000年以上にわたって商売に生きてきた人たちです。だいたい、シルクロードを考えたってわかりますけど、いろんな民族、宗教と交易して生きてきたわけですから、民族、宗教、人種など、そういうことで隔たりを作って衝突していては商売はできない。

もちろん、イスラム教徒として考えれば、ガザの女性と子どもにあれだけの犠牲を強いるイスラエルとその背後にいるアメリカが許し難い存在であることは、改めて言うまでもありません。

戦乱を激しくしているのがアメリカのバイデン政権であることは確かですから、そういう意味でも、バイデン政権を支持する理由に乏しい。一方、「戦乱を収拾する人」を為政者としてはマシと考える。もし、トランプが再選されてイスラエルを全面支援するとなると、それこそ想像もつかない程、事態は悪化しますね。

三牧　バイデンも一応、反イスラムの機運には懸念を寄せていて、政府内に対策部門を作っていますが、何にせよ、反イスラムを抑える最大の方法は、ガザ危機を収束させることでしょう。それをやらないで、表層的な対策部門を作って済ませようという姿勢には幻滅させられます。

民主党を支持するリベラルたちは、「アメリカを間違った方向にやったのはトランプ」「アメリカが今、世界で尊敬されてない理由を作ったのはトランプ」と責任を全部トランプに押しつける傾向にありますが、こういう考えをしている限り、アメリカの本当の問題には気づけない。結局、アメリカが今、国際的に凋落し、諸国家の信頼を失っている原因の一つは、20年超の対テロ戦争で他国民を殺害し続けてきたことにあります。２００１年、同時多発テロ事件の後に、アフガニスタンへ軍事行使をするということになった時、議会でそれに反対したのはカリフォルニア州選出の民主党議員バーバラ・リーだけでした。「テロとの戦い」は超党派の問題なのに、過度にトランプに、アメリカが国際的な信用を失っていることの責任を押しつけている。アメリカの道義的な復権を志向するリベラルたちが、「全部トランプのせい」という他責思考に陥り、「トランプさえ現れなかったら、すべてうまくいっていたのに」と、アメリカの病の本質を見つめてこなかったことの問題が、ガザ危機において露呈しています。イスラエルの軍事行動への支持は、共和党・民主党超党派です。

内藤　このままではアメリカの信用というのは今後ちょっと回復不可能なところまできてしまっていますよね。おまけに、次の大統領選の選択肢がトランプかバイデンかという二択では……。

三牧　今、アメリカでは、二大政党どちらも支持したくない、第三党があったらいいのに、と回答する人は世論調査で過半数を占めています。ガザ危機への対応にしても、イスラエルの軍事行動へのあそこまで露骨な肩入れは、民意から乖離しています。

欧米が不問に付すイスラエルの核問題

内藤　ところで、イスラエルが核兵器の使用をずっとほのめかしていることを私は恐れています。

三牧　ウクライナでの戦争でロシアが核使用をほのめかした時は、Ｇ７は即、「核の脅しは許されない」とすぐロシアを批判しました。しかしイスラエルに関しては、原爆投下をほのめかすどんな過激な発言もスルーする。ネタニヤフ首相は、バイデン大統領が直々に攻撃の自制を求めた際、「しかしあなたたちアメリカも、原爆投下をしたではないか」と述べたといいます。原爆かそれ以外の手段かわかりませんが、かつて広島や長崎にもたらされたようなダメージをもたらす爆撃をやると言っているような発言です。しかし、この発言をバイデンが問題視することはありませんでした。ひどいダブルスタンダードではないでしょうか。

内藤　イスラエルは核については一貫して「あいまい政策」です。だけど、今回閣僚の一人が「核兵器を使えば」みたいなことを言ってしまったでしょう。

三牧　極右政党「ユダヤの力」の党員でエルサレム問題・遺産相のアミハイ・エリヤフのラジオ番組での発言ですね。「ガザに戦闘員ではない人間はいない」「核爆弾を落とすのも一つの選択肢だ」という発言でした。さすがに現職閣僚のこの発言については、アメリカ政府も容認できないとの立場を示し、ネタニヤフ首相は同氏の職務を一時停止するなど火消しに追われましたが、これ以外にも、原爆投下に関する発言は、イスラエルの政治家や閣僚から数多く出ていますよね。与党リクード党員で、元議員のモーシェ・フェイグリンは、「ガザをドレスデンや広島のように完全に破壊し、更地にする」と力説しましたし、地方議員の中には、ガザ市民の強制退去を、アウシュヴィッツ絶滅収容所を引き合いに出しながら語る人までいる。イスラエル北部の町メトゥーラの政治指導者であるデイビッド・アズーライです。

原爆以外でも、アメリカによる日本への爆撃とのアナロジーは頻繁に登場しています。ツィピ・ホトベリ駐英イスラエル大使はテレビでのインタビューで、「米機の空爆で焼き尽くされた東京は、敗戦後、立派な大都会に蘇生した。同様に、巨悪を根絶しようとするなら、ガザも一度は根こそぎ破壊するのは仕方がないことだ」と発言しました。

内藤　そう。先ほども三牧先生から問題提起がありましたが、日本政府はこの発言に唯一の被爆国なのに抗議すらしていない。あの時、トルコのエルドアン大統領が言ったことには感心させられます。「では、長年核開発疑惑をかけてきたイラン同様、イスラエルにも核兵器の査察を受けさせよう」って。

三牧　本当にその通りですよね。

内藤　これこそまさに最大の矛盾だろうと。イランは、少なくともＩＡＥＡの査察を一時は受けたけれど、イスラエルは一度も受けたことなんかないじゃないですか。これを機会に、きっちり査察を受けてもらおうかって。アメリカが言えないなら日本の首相が、「イスラエルには核の査察を受けていただきたい」ぐらいのことを言うべきだと思うのですよ。

三牧　そこまでイスラエルをつけあがらせてしまったのが欧米ということですよね。イスラエルの長年の無法はスルーして、自衛をはるかに超えた軍事行動を容認し、ハマスとイランの関係を過度に強調して。

巻き添えを回避するイラン

内藤 イランは、ガザ絡みで巻き込まれたくなかったはずです。せっかく、スンナ派諸国との関係を改善して、経済発展に集中しようとしていた時でしたからね。確かにイエメンのフーシ派とかレバノンのヒズボラは、ハマスを支援しています。ただ、そもそもイランはシーア派ですし、ハマスはスンナ派のムスリム同胞団の流れを汲むイスラム主義の組織です。ガザの人々がイラン好きかというなら、もともとそうではなかった。隣国のシリアで、アサド政権側についてスンナ派市民の虐殺に手を貸したのはイラン系の革命防衛隊でしたから、むしろ、ガザの人たちはイランを嫌っていた。だからイランも、ハマスの背後にいるのは自分だというアピールはしなかった。

三牧 イラク戦争の時の「アルカイダとサダム・フセインは関係している」「イラクは大量破壊兵器をもっている」みたいなトンデモ議論を、全然反省せずにアメリカはまた繰り返しているようです。

内藤 ありましたね。サダム・フセインなんて、あんな世俗的な人物が強硬なイスラム主義のアルカイダと組むはずないと、私はずっと言っていたんですけど。

三牧　第1章で紹介したように、当時のアメリカでの世論調査によれば、開戦前の数カ月、5割超から6割超のアメリカ国民が「フセインは9・11を起こしたアルカイダを手助けした」と信じていました。こうした世論を決定的にしたのが、超党派で信頼を集めていたパウエルでした。

内藤　日本でもそうですよ。論理的におかしいと言っても通らなかったですよね。あるアメリカ政治の学者は、疑いがかけられていたフセイン側が証明すべきだ、とまで言っていましたし。

三牧　本当におかしいです。「大量破壊兵器がある」と疑惑をかけている側が、証拠を示すべきなのは、当たり前です。結局、嘘に基づいた戦争が起こり、多大な犠牲や難民が出てから「大量破壊兵器がなかった」というのはあまりにひどい。今回のガザ危機でも、シファ病院爆撃をめぐって、「病院が軍事利用されていないというのならば、パレスチナ側がそのことを証明をすべきだ。できないのであれば、攻撃されてもしかたない」といった言説がイスラエルやイスラエル擁護側に広がりました。

内藤　それで出てきたのが、ＭＲＩの後ろからカラシニコフが何丁か、という。

三牧　しかも、国際人道法上、それらの武器の存在自体は、病院への攻撃を正当化しません。

内藤　強力な磁力を発するので、金属物の持ち込み厳禁のＭＲＩの部屋に銃器を置くわけがありません。置いたのだとしたら後づけで置いたと証明しているようなものです。

三牧　イスラエルは、「そういう杜撰なことを言っても欧米は批判しないだろう」と考えているわけで、つまりは欧米の親イスラエル世論に相当な自信があるということですよね。嘘をついて、それを見抜かれても、欧米は若干たしなめるくらいのことはしても、軍事行動をやめさせようとはしないだろう、と。残念ながらこのイスラエルの見込みの正しさは証明されています。シファ病院への爆撃をめぐり、イスラエルに対する国際的な批判が高まる中で、アメリカ政府は、「アメリカ政府もシファ病院の地下にハマスの司令部があることについて、独自のソースで確認している」と言い出しました。しかし、この「独自のソース」は本当なのか？　過去にアメリカがやってきたことを考えると、留保なしに信じることは難しいです。

内藤　中東戦争を生き抜いてきた諜報機関のモサドの力をもってすれば、もうちょっとマシなことを考えるかなと思っていたんですけど。

三牧　今回は、シファ病院に関しても、そんな「証拠」を出してきて誰が信じるのだろうか、というレベルのものを出してきていますよね。ここにも、イスラエルが杜撰な言い訳をしても、欧米諸国は嘘を見抜いて、批判することもなく、むしろ全面擁護してくれる、そういう驕りが表れているのではないでしょうか。

内藤　本当にそんな感じです。

「核なき世界」の理想を自ら切り下げた日本

三牧　岸田政権はＧ７との協調を非常に重視してきましたが、そもそもＧ７は、今、世界でどういう位置づけにあるのか、どう見られているかを考えるべきです。

日本はＧ７と歩調を合わせること自体を命題にしてしまい、自分たちが大切にしてきたはずの理想を簡単に捨て去ろうとしてはいないか。そうした懸念を抱いたのが、２０２３年5月の広島サミットでした。Ｇ７首脳宣言は、「核兵器のない世界」を究極の目標と位置づけましたが、前日に別個に「核軍縮に関するＧ７首脳広島ビジョン」が出されて、これには核抑止力を肯定する文言が盛り込まれた。つまり、ロシアのような侵略国が持つ核は「悪」だが、そのような国から国際秩序を守ろうとする側が持つ核は「善」である、そういう論理です。被爆者からは、善の核も悪の核もない、核廃絶を理想として掲げながら、核抑止力が不可欠だという認識を改めないことは矛盾だという批判の声が上がりました。どの核保有国も「自衛のために」「やむをえず」核を持っていると主張する。プーチンだってそうです。自衛のために必要な限り、核を保持し続けることをＧ７として宣言してしまったことで、結局のところ、「核なき世界」への努力を公式に放棄することにつながっていってしまうのではないか。

Ｇ７広島サミットに意味がなかったとは言いません。原爆を実戦で用いた唯一の国アメリカのバイデン大統領含め、参加国の首脳が原爆資料館を訪問し、献花した。原爆資料館を視察したバイデンは、「核兵器を永久になくせる日に向け共に進もう」とメッセージも残しました。矛盾し合う内容を持つ二つの宣言が出されたことは、今の国際情勢の難しさを象徴しています。

しかし、矛盾は矛盾です。平和国家として、核の恐ろしさ、その現実を肌身で、一番よくわかっている被爆者の声は真摯に受け止めたい。このサミットで「核なき世界」の理想は切り下げられたわけですよね。核抑止論を広島ビジョンで肯定してしまったわけですから。核が存在する限り世界平和はないとして、「核なき世界」への努力を誓ったオバマ時代からも、後退したといえます。

いろいろ考えるべき問題があるのに、広島サミット終了後は、自国開催ということもあり、称賛の声がメディアに広がりました。G7と歩調を合わせることが、日本外交の至上命題にすりかわってしまい、それができれば「成功」だったということになっている。問題は、この共同歩調を通じてどのように平和をたぐり寄せるかにある、にもかかわらず。

先ほど話題に出ましたが、ガザ危機の中でイスラエルの現役閣僚を含め、複数の政治家から、核使用をほのめかす発言が出てきているにもかかわらず、日本政府はこれらにまったく反応していない。それは、欧米諸国が無視を決め込んでいるからなのか。これらの国が反応を見せていたら、日本の反応も違ったのか。そんなことも考えてしまう。原爆についてすら、独自のスタンスを打ち出せなくなっている。

内藤　いや、だからそうやってG7におつきあいして、あるいは追従するような姿勢を見せて、何かメリットがあると思っているところが愚かですね。そんなものはもはやないんです。

三牧　バイデンが2024年大統領選に向けたキャンペーン中、「岸田政権が防衛費の増額を決めたのは、自分の功績だ」と誇らしげに語り、追って日本政府から抗議を受けて訂正する、という一幕がありました。日本の防衛費増額が主体的な判断だったのか、アメリカの圧力がどれほどあったのか、これについてはさまざまな見方が出ていますが、いずれにせよ、対米追随するばかりでは、結局、防衛政策をはじめ、さまざまな分野において単なるアメリカの下請けにさせられる事態になりかねません。防衛費の問題にしても、核の問題にしても、日本はもっと自分たちの歴史や経験、国益に照らした主体的な態度を提示していくべきではないでしょうか。

欧米崇拝から脱却できない日本

三牧　日本の欧米崇拝。戦前日本も、脱亜入欧に邁進（まいしん）し、政治制度から帝国主義まで真似（まね）て、自分たちも「西洋」になったかのような高みから、アジアに植民主義的なまなざしを向け、支配・侵略した。これで大失敗したわけです。この歴史から私たちは何を学んだのか。戦後、経済大国の地位に一度上り詰めたために、いまだに日本にはアジアや非西洋世界に対する優越感があるように思いますが、欧米諸国との関係性を見たらどうでしょうか。ガザ危機の中で非西洋諸国の首脳たちは、欧米諸国の行動の問題を、これはおかしいと次々と真正面から批判しています。日本はなぜそれができないのでしょう。

内藤　彼らとしては当たり前のことを言っているだけなんですけどね。

三牧　そうなんです。しかし、日本はその当たり前のことができていない。アメリカとの関係を「特別な関係」「価値の共有」といった美辞麗句で賛美するばかりで、こういう重要な局面、しかもアメリカが深刻な間違いを犯しているこの局面で、相手にとって耳触りの悪いことを何一つ言えない。全然対等ではない。

確かに非西洋諸国には、とりわけジェンダー平等についてまだまだ課題が残る国は多い。欧米諸国は、「こんな人権後進国から、人道や人権について説教される筋合いはない」と考える節がありますが、日本にもこういう雰囲気はあります。しかし、彼らがガザ危機について掲げている人道上の訴え、「もう殺すな」と停戦を求める声は正しい。それは、マレーシアにしてもトルコにしてもインドネシアにしても、平和を求める切なる声です。それに真正面から応えないで、「自分たちの足元の人権問題も見ないで、私たちに説教するなんて……」とかわすのは誠実な態度ではない。ジェンダー平等も、欧米諸国がガザの人道問題に冷淡なことの背景にあるムスリム差別も、両方人権問題であり、両方取り組んでいくべきです。どちらかで進んでいるからといって、どちらかを無視していいわけではない。

イスラエルと共に世界の少数派になるアメリカ

三牧　中東地域で一般市民の意識調査を実施してきた「アラブ・バロメーター」によれば、アラブ諸国ではアメリカより中国のほうが人気がある。でも、普通に考えたら当然ですよね。戦争をしかけてくることもなかったし、「人権」とか掲げて国内問題に介入してくるわけでもありませんから。

今のアメリカでも、トランプのような、モラルを踏みにじってきた人物がなぜ支持を集めているのか、真剣に考える必要がある。もちろん支持者には、トランプ自身のような、モラルなんてどうでもいい、利益のためなら違法な方法でも暴力も何でも使う、マイノリティ差別も平気でする、といったとんでもない極右たちもいますが、バイデン大統領はじめ民主党のリベラルたちが主張する「人権」「多様性」といったものの浅薄さ、虚構性への気づきや怒りが共有されてきていることも一つの背景になっている。言っていることは立派だけど、やっていることはトランプと同じだよね、むしろよりひどいよね、なんだかだまされている気分になる、という。美辞麗句を掲げている分、現実との落差があまりにひどいと、幻滅も深い。中東政策にしても、バイデンはトランプ時代に始まった、イスラエルとアラブ諸国との和平を進めることで中東の安定化を図ろうとする「アブラハム合意」を結局のところ継続させた。パレスチナにとっては、入植地の問題も、ガザの封鎖問題も、何一つ解決せず、物事は悪くなる一方だったのに、バイデンは気にもとめなかった。結局、「アブラハム合意」は、ハマスのテロで中断させられたわけです。その点では、イスラエルの入植政策を凍結させない限り、中東の平和はないと考え、イスラエル側に働きかけようとしたオバマのほうが志はあったと思います。

内藤 そうですね。当初、オバマはそういう点でアフリカとか中東の期待を集めていたんじゃないでしょうか。だからオバマ政権の時に、バイデンを副大統領にしてバランスを取ってましたからね。

三牧 「チェンジ」を掲げて台頭し、黒人初の大統領に選出されたオバマは、ただでさえ変化の象徴として批判や警戒を集めやすい存在だったので、副大統領にバイデンという古参の人物を置いてバランスを取ろうとしたところはあったでしょう。その結果、バイデンがイスラエル政策に関しては、長年のイスラエルとの関係や、「シオニスト」としてのこだわりを見せて、オバマが試みる「チェンジ」を邪魔した。アメリカの親イスラエル志向は、政治、社会に深く埋め込まれたものですが、今回のガザ危機対応には、「シオニスト」バイデンの個人的な想いも相当反映されています。さすがにバイデンはイスラエルに寄り過ぎている、パレスチナ人の苦境にあまりに冷淡であると考える人も増えている。

内藤　中国もロシアも、ここまでアメリカが情緒的になるとは思っていなかったのでは？

三牧　アメリカはイスラエルと心中するつもりなのか、という勢いですよね。

内藤　さっき三牧先生が言われたとおりで、12月の国連の特別緊急会合で採決された人道目的の即時停戦を求める決議案に対して反対したのは、イスラエルとアメリカを含む10カ国だけ。つまり193カ国のうち10カ国しかイスラエルの味方をしてくれなかったわけです。それしかもう支持がないということを、アメリカは自覚しなきゃいけない。

三牧　国連において今、ガザ危機をめぐってアメリカとイスラエルは、ウクライナに侵攻したロシアと同様、圧倒的少数派の地位に置かれている。それだけ多くの国がおかしいと考える行動を取っている、そういうことですよね。それにしても、グテーレス事務総長以下、停戦を求める人々は、別にハマスが正しい、イスラエルは間違っていると言っているわけではなく、イスラエルの軍事行動があまりに無差別なものになっており、多くの住民を強制移住させて、人道支援も行き渡らせない状況になっているから、それはやめなければならない、と当然のことを言っているだけなのに、停戦に反対するってどういうことなんでしょう。

内藤　私は外交の専門ではないから、よくわからなかった。戦っている当事者がシーズファイア（停戦）に合意しないと言うならまだわかります。しかし第三国が、シーズファイアはダメでポーズならいいと言う、あの理屈がいったいどこから出てきたのか……。

三牧　イスラエルに関する言動の異様さは、バイデンだけではありません。今回、ブリンケン国務長官も看過できない発言をしました。ハマスによるテロ後、10月13日にイスラエルを最初に訪問したブリンケンは熱烈に歓迎された末に、イスラエルへの全面的な支持を伝えるにあたり、祖父がロシアでポグロムから生還したことや、ナチスの収容所から養父が生き延びたことなど、自分の個人的な歴史に言及し、「イスラエルにとって、そして全世界にとって、非常に困難な時期に私はイスラエルにいる。国務長官として、ユダヤ人として、夫と父親として、ハマスの虐殺がもたらす悲惨な反響を個人的なレベルで理解している」と述べたのです。

内藤　あれも、ひどかったね……。

三牧　もちろん、単なる一市民の発言でしたら問題ありません。しかし、イスラエルの大々的な軍事行動ですでに1500人以上の死者がガザで出ている状況で、国務長官があんな個人的な想いをあらわにした情緒的な発言をすることには、問題を感じざるをえませんでした。ブリンケンはそのような意図はなかったと言うでしょうし。ただ、たとえ本当にそのような意図がなくとも、アメリカの高官から発される情緒的な訴えは、イスラエルを襲った悲劇を強調し、その軍事行動を後押しする機能を果たしてしまう。外交でイスラエルに行っているのだから、徹頭徹尾、国務長官としてのみ話してもらいたい。問題の打開をめざすプラクティカルな対話をしてほしい。バイデンにしても、ブリンケンにしても、イスラエル問題になるとアメリカの高官は情緒的な語りをしてしまう。さらには個人的な想いで政策を進めようとしてしまう。

誰がイスラエルの戦争犯罪を止められるのか?

三牧　イスラエルの戦争犯罪を誰が裁けるのか……。ＩＣＣ（国際刑事裁判所）はどうなんでしょうか。今まで欧米諸国によって見逃され、不処罰が続いてきたイスラエルの戦争犯罪をきちんと裁けるかどうかは、法秩序の回復に向けても、重要な試金石になると思います。

もっとも、今までにＩＣＣが捜査開始を許可した事例のほとんどがアフリカに関するもので、これらの国々は、ＩＣＣが公正かつ中立の機関かどうか、いよいよ疑いの目で見るようになっています。普遍的な正義をうたっているけれど、その実態は、ひどく欧米贔屓（びいき）で、欧米が非欧米諸国に彼らが考える「正義」を押しつけるための機関ではないか、と。ただでさえそのような不信の目が存在しているところ、イスラエルの問題に関して何のアクションも起こさないということになれば、いよいよＩＣＣは信用を失うのではないでしょうか。

国連については今回、グテーレス事務総長が精力的に動いていますね。10月20日にラファの検問所を訪れた彼は、「この壁の向こうでは２００万の人々が水も食料も、医薬品も燃料もなく、戦火の中で苦しんでいる……これらはただのトラックではなく、多くのガザの人々の生死を分けるライフラインそのものだ」と訴え、ガザで早急に大規模な人道支援を行なう必要があること、そして支援を十分に行なうには停戦が必要だと訴えました。

内藤　ちょっと見直した。グテーレスさんがあそこまで言うというのはね。

三牧　でも、アメリカはその必死の訴えを一顧だにせず、即時停戦に反対し続けている。

内藤　国連機関のユニセフ、そしてパレスチナは所管してないけどＵＮＨＣＲは、イスラエルに対してかなり厳しく言っていますよね。

三牧　新型コロナ感染が広がった際には、さまざまな批判にさらされたＷＨＯのテドロスさんも頑張っています。ＷＨＯの職員もガザで命を奪われていますね。イスラエルが意図的にガザを飢餓状態に置き、ガザの住民の相当数が危機的な、つまり命に関わる状況に置かれています。イスラエルが飢餓を武器として使っていることは明らかで、これは将来、イスラエルのジェノサイドの意図が問われた際、必ず問題とされるでしょう。これはかつて、ユダヤ人がやられたことです。それを今、他者に対して実行している。

内藤　そうですよね。ガザの人に対して。だから、もう途中から医薬品が到着しなくなったというので、もう子どもも含めて麻酔なしで手術しなきゃならない。

三牧　妊婦は帝王切開でも麻酔なしで産まなければいけなくなっています。

ロシア・ウクライナをめぐる言説

内藤　ところで、２０２３年5月のトルコ大統領選の後にエルドアンは外務大臣を替えたんです。この非常に難しい局面で。新大臣はハーカン・フィダンといって、13年間、国家情報機関（ＭＩＴ）の長官だった人物です。諜報機関のトップでしたから、トルコ国民でさえ彼の肉声をほとんど聞いたことがなかったんです。

この人の功績を一つ紹介します。２０１４年にイスラム国が出た時に、イラクのモスルのトルコ総領事館で、49人がイスラム国に捕まってしまう。この時、彼はイスラム国と交渉に入って人質を全員救出したんです。こういう人が、ずっとインテリジェンス部門を歩いてきて、その観点から外交にあたっているわけですから、ガザで起きてることについては知り抜いて対処している。

だから、彼らから見るとアメリカがイスラエルに対してやっていること、周辺国に対する外交、そのどちらもあまりにも稚拙なんですよ。イスラム主義勢力と相対するにあたって犠牲を減らすために、こういう場合はどうすべきかを彼らは熟知している。それを欧米がどこまで聞くかですよね。

ロシア・ウクライナ戦争では、ストップしていた黒海からの穀物輸出を再開させる際、ロシアやウクライナとの協定を、トルコが主導で大変緻密に詰めていった。２０２２年7月、この合意を取りつける交渉は、戦時下にあるので国防省が担当しました。どの水路を通っている場合は攻撃しない、機雷のある水域はウクライナが誘導する、などというのを、3カ国のエキスパートたちが一つひとつ詰めていたのです。あれは、トルコがウクライナと交渉し、別途トルコがロシアとも交渉し、両国が納得できる線を提案し、最後に立会人として国連のグテーレス事務総長を招いて調印式をした。［補足：一年後の2023年7月、ロシアは制裁で自国産の穀物や肥料を売れないことなどを不満として、この協定から離脱した。］

余談ですがロシア・ウクライナ戦争が始まった頃、トルコのメディアはそれこそ連日連夜、この問題を報道していました。日本と違うのは、現職の軍関係のシンクタンクの人は絶対に出てこないということですね。国家の立場を示すのは、大統領や国防相や外相の仕事。間違っても国家情報機関や軍のシンクタンクの人間がマスコミにしゃべったりしない。

番組で解説しているのは元海軍中将とか、陸軍参謀本部の元将校とかそういう専門家たちです。この場合はこうするはずだ、という見立てを民放から国営放送まで各局、毎回違う人が出てきてしゃべっているわけです。視聴者はそれらを比較しながら、どういうことが起きているのか、総合して見ることができます。

三牧　アメリカにおけるガザ報道をめぐっては、中立であるべきアンカーや記者が、実はひどくイスラエル寄りの報道をしていることがいよいよ問題視されています。中立な分析に、自分の意見を含ませるっていうのは、日本のメディアのモラルも問われますよね。

内藤　いや、それは問われますよ。

三牧　問題を感じたのは、日本において、ウクライナ情勢に関する分析や解説が、それで終わらず、「今日のウクライナは明日の日本かもしれない」と、日本の防衛論議と重ねて議論されてきたことです。GDP比2％に防衛費を増額することや、敵基地攻撃能力を保有することを決定した岸田政権も、「今日のウクライナは、明日の東アジアかもしれない」と繰り返してきました。世論調査も示すとおり、日本を取り巻く安全保障環境が厳しいことには、国民の多くも、そして私も同意しています。しかし、防衛費増額や防衛増税の規模、購入する武器の品目や量は、本当に合理的なのか。日本は厳しい財政事情や他の待ったなしの社会問題も抱えていますが、岸田政権の決定は、財政的にも合理的なのか。さまざまな検討が必要な話が、「ウクライナにならないために、日本も」という漠然とした議論で、ふんわりと正当化され、民主主義のプロセスをすっ飛ばした拙速な閣議決定につながった面があったのではないでしょうか。結局、防衛増税は国民の理解を得られず、2026年度以降の開始となりそうです。

内藤　根拠を示さず、流れをつくっていくのは問題ですね。ウクライナ軍の反転攻勢も困難に直面して、アメリカもEUもウクライナ支援を渋り始めていますし。

三牧　もっとも、およそ戦争について完全に中立的な情報ソースがあるという前提自体、疑うべきものかもしれません。日本でもテレビ解説や新聞でよく参照されていたデータ源の一つがアメリカの戦争研究所（ＩＳＷ）でしたが、ここはその創設からの経緯や人的関係を辿ると、イラク戦争の思想的な背景ともなった新保守主義、いわゆるネオコン系の研究所です。ウクライナの戦況に関しては、ウクライナの勝利についてかなり楽観的な見通しを、選択的に出し続けていたとも指摘されています。だから、戦争研究所をソースとして使うな、というわけではありません。出されている情報自体は正確なものです。しかし、そういう情報源があたかも中立的なものとして紹介されたことで、ウクライナの戦況について楽観的な見解、徹底抗戦の先に希望はあるという見解が生まれてきたとしたら、そうした情報の取り扱い方は批判的に検証されるべきものと思います。

内藤　希望的観測でしかないですよね。

三牧　アメリカのシンクタンクはだいたい色があるので、そういう傾向をデータと共にちゃんと紹介することが大事だと思います。今現在、欧米からのウクライナ支援が滞りつつあり、ウクライナは大変な苦境に置かれている。誰もが、ウクライナの領土奪還を願っていましたし、ロシアによる侵略戦争が許されないともわかっていました。しかしウクライナの徹底抗戦を、欧米諸国はどこまで支えられるのか。どれだけの人命の犠牲ならば領土奪還のために許容されるのか。そういう、とても苦しい問いも考え続けなければならなかったはずです。しかし実際には、ロシアもウクライナもお互い引けないような状況に追い込まれてしまった。もっとも、どの国にもこの流れは止められなかったのかもしれませんが。

内藤　だから、トルコのやり方みたいにね、「どっちが正義か」という話にはしないで、領土の侵略はダメだと釘は刺す。しかし、そこで止めておいて、それ以上のところに踏み込まないというのは、やっぱり一つの知恵ですよね。もちろんトルコ国民の感情としては、どう考えたってウクライナのほうにシンパシーは集まっているけど。

トルコの討論番組を見ていると、興味深いことを言っていました。昔はどんな街でもね、近所同士が大げんかしていたら、まあまあといって、そこへ割って入る年寄りの役割というものがあるだろうと。トルコの外交でやることはそれなんだと言っているわけ。けんかは煽(あお)ればいいっていうものじゃない。

三牧　戦争で、どちらかの側に、たとえそれが正義の側でも、深く関与してしまえば、仲介者にはなれなくなる。

内藤　そう。仲介ってそういうことですよね。お互い言っていることはわかるけれども、まあ、この年寄りの顔に免じて仲直りしてくれんかって仲裁役が出てくるわけですよ。そういう存在がなくなったらどうするんだと。もう最後の最後まで、血で血を洗う戦いだけになってしまう。

三牧　日本って、割とトルコのような役割をやるよって言ってもいい立ち位置の国だったわけですよね。そうした観点からすれば、ウクライナ戦争で岸田政権は、G7諸国と歩調を合わせることを至上命題とするような姿勢で、そうした可能性を潰してしまったということなのでしょうか。

内藤 そう。ある時からアメリカに与みするだけの意見が幅を利かせてしまって。「これで、日本はちゃんとG7の陣営の一員だっていうことを示せる」という、そんなつまらないアピールのためにね。

三牧 日本外交の世界地図が、どんどん狭まっていったわけですね。

内藤 国益を毀損するだけです、それをやると。

「ニュートラルな日本」のイメージを生かせるか

三牧 寛容、自由のお手本は常にヨーロッパとされてきたのに、今そのヨーロッパで不寛容の波が生まれているという、本当にこれまで信じられてきた「世界地図」がガラガラ崩れ去りつつある状況です。第二次世界大戦中に日本は、近隣のアジア諸国に対しては大変に非人道的なことをやりましたが、ホロコーストに関しては加担していないから、イスラエル批判をきっちりできる立場にあるはずなんですが……。せいぜいのところ、国連でちょっとアメリカと違う投票行動を取ることしかできていない。

内藤　エジプト経由で、パレスチナから逃げてきた人たちを受け入れることもしていないですね。

三牧　そう。その一方で、ウクライナ難民に対しては「避難民」として受け入れるという特別待遇を迅速に打ち出しました。

内藤　何だったのでしょうね。アメリカに言われるとすぐ動く。

三牧　一貫性がない。日本政府が独自に人道に照らして判断したというのでもなくて、アメリカが特別待遇にしたからというのであれば。アメリカも、あれだけ南米からの移民や難民を排除しておきながら、ウクライナ難民に関しては特別な枠を作って受け入れたんです。南米からやってくる人たちは侵略戦争から逃れてくるわけではないですが、自国の治安に深刻な問題があり必死で逃れてきた人もたくさんいる。

内藤　今、ガザからの人で入れられているのは病人とけが人で、エジプトと、それからエジプト経由でトルコも受け入れています。ラファの検問所を通るのが大変なので200人ぐらいは入れたんですが。その都度、トルコの保健相がエジプトまで行って、ガザの人をあずかってくるんです。それにしても、そういう病人とかけが人とかについては、日本が引き受ける、くらいのことを、なんで言わないのか。

三牧　幸いながら日本という国は、中東では比較的中立の国、それなりに信頼できる、軍事行動をしない国と思われています。まだそういう独自の立ち位置を生かしてできることがあるのに、何の問題についてもまずアメリカの顔色をうかがうことをやめられない。

内藤　本当にそう。思考停止しています。まあ、現状で日本政府がパレスチナの負傷した人を受け入れるとはなかなか思えないですね。日本が難民認定するのは、インドシナ三国からのボートピープルみたいに、政治的にアメリカからのプレッシャーがあった場合だけですから。その時は1万人以上認定していますからね、例外的に。でも、難民以前に移民がいないと日本の経済発展って、もう二度とないでしょう。ないのに、ずっとそれをうやむやにしてきた。

三牧　台湾有事云々とか言うんだったら、難民問題もちゃんと考えないと。それが一番現実的な課題なのに。

内藤　こういう世界の問題を日本独自の発想で考えることも大切。別に「右翼」になる必要はないですが、将来にわたる日本の国益を考えてどう動くかを考える「国士」がいませんね。その意味で、２０１２年に同志社大学がアフガニスタンの平和構築に関する国際会議をやったのは、私立大学にしかできない挑戦でした。

　アメリカはアフガニスタン問題でにっちもさっちも行かなくなっていた時でしたが、日本でアフガニスタンに関する会合をすることになっていた。ヨーロッパはアフガニスタンをめぐる停滞的な状況にうんざりして引こうとしていたようです。

三牧　気ままといいますか。あれだけの人が戦火にさらされたというのに。許し難いですね。

内藤　会合といっても、ヨーロッパに言わせると、あれはアメリカが破壊したのだから、「お前がやれば」みたいなことを言っているわけで。日本はなんとかそれをつなぎ止めようとしていたのですね。神学部におられたイスラム学者の中田考(なかたこう)先生がカタールに行ってタリバンと交渉したことで、彼らは私たちの招待を受けて、初めて外国に出てきた。おもしろかったですよ。大学でああいうことをやるのは、普通なら外務省から邪魔されるでしょうけど、外務省も協力してくれた。

アフガニスタン政府側も来たし、タリバンと、それ以外の勢力も来ました。しかも、それは京都だということで実現できたんです。本当にね、東京だったらできませんでした。実際、翌日、近隣国の大使から電話かかってきて、うちの頭越しにどうしてそういう会議をするんだと文句を言われました。だけど、京都にある利点ってそこでね。何かやったというニュースが伝わった時には、もう終わっている。東京から京都にはすぐには来られませんからね。

会議の時に、タリバンに「どうして来てくれたのか?」って聞いたんですよ。そうしたら、「日本政府がアメリカに追随していることはもちろん知っている」と。「だけど、一つは日本が軍隊を送らずアフガニスタン人を殺さなかったから。もう一つは、同志社大学が私学だから」って言っていました。「国立」ではないということが決め手になったとは、私には思いもよりませんでした。

三牧　今、国がこのように腐敗している状況では、国からの距離を保つことが非常に重要なんですね。

内藤　そうなんです。私学としての独自性を発揮できるとその時思いましたね。

「インフルエンサー」フランシスコ教皇

内藤　三牧先生は頑張ってくれていますけど、言論の世界も同じことですね。政権と一緒でレベルが低い。

三牧　ＳＮＳが言論空間を変質させたことは否めません。「いいね！」や「リポスト（旧リツイート）」のように共感が「数」で表現される。困難な問題について、なんとか解決を模索しようとする主張より、白黒明確で共感しやすい主張のほうが、数字が伸びる。言論の力を信じる人は、時にこうした「数」の魅力や、自分自身の中にもある「数」への誘惑――多くの人に支持されたい――に抗って、自分が問題解決に必要だと考える言論を発していくべきですが、なかなかそれが現実には難しい。

他方、確固たる平和への信念と共に拡散力を持つ「インフルエンサー」が平和に向けた強力な推進力になることもある。その一人がローマ教皇フランシスコです。２０２３年11月22日、バチカンのサンピエトロ広場での一般謁見でイスラエルとハマスの戦闘について、「これは戦争ではなく、テロ行為だ」と述べ、ハマスとイスラエル双方に対し、「激情に駆られて皆殺しに及ばないよう」祈るよう信者らに求めたのです。この教皇の発言を受け、イスラエルの駐バチカン大使はすかさず「イスラエルが従事しているのは自衛の戦争だ」と主張しました。

内藤　そう。「テロリズムだ」って言ったのを聞いて驚きました。

三牧　教皇はガザに電気もガスも燃料も、水も医療支援もないことなど、その窮状をすべて把握しており、膨大な民間人の死者数に言及して涙を流していたといいます。パレスチナ人を保護しているガザのカトリック教会とも頻繁に連絡を取り合っているとも伝えられています。これらの文脈に照らせば、教皇の「テロ」批判は、イスラエル軍の無差別攻撃全般に対する批判だと考えていいと思います。もちろんその批判はハマスにも向けられています。

内藤　パレスチナとイスラエルの両方の代表団が来た時の教皇の発言ですけど、「これはもはや戦争ではない、テロリズムだ」と言っている。あくまで起きていることが、元の言葉の意味としての「テロリズム＝恐怖の暴力行為」だと言っているだけで、どっちがやっていることがテロだと言ったのではないんですね。

三牧　先ほども紹介しましたが、グテーレス事務総長のラファ検問所への訪問と演説も、印象的でした。水や燃料などの支援物資を積んだトラックのガザへの通行許可を嘆願し、「これらのトラックはガザの人々の生死を分けるライフラインそのものだ。できるだけ早く動かさなければならない」と訴えました。

内藤　そう、今回のグテーレスと教皇フランシスコの発言ってかなり踏み込んだものと思います。

三牧　最近、教皇は「キリスト教の司祭が同性婚を祝福するのはかまわない」といった発言でも話題になりました。もちろん、まだまだ不十分だと見る向きもあるでしょう。しかし、イスラエルが「同性愛者にフレンドリーな国」を自認し、「同性愛に不寛容」だとパレスチナ人を蔑視し、攻撃してきた経緯を考えると、この局面で他宗教の信者や神を信じていない人にも絶大な影響力を持つカトリック界のトップがこうした発言をすることは意義深いです。本当の寛容とは何か。同性愛者の権利は大切ですが、それが守られていれば、人権先進国というわけではないし、いわんや同性愛者の権利に不寛容な国の人々に暴力を働く口実などにされてはならない。

内藤　いや、多分、彼らはね、黙っていれば宗教なんて、教会なんて、もう衰退するものってわかっているわけですよね。そういうところにきて、ある意味、ようやくなんですけど、自分たちが何を発言すべきかということを理解した。

三牧　時代変化を見ながら、そこでの役割を模索しているのですね。

内藤　そうそう。だから、国連もそうだと思う。国連だって連合国の集まりとはいえ、もう役に立たないということが、ずっと言われている。

三牧　しかも、国連無力論を助長しているのが、平和にもっとも責任を負うべき常任理事国であるという皮肉な現状があります。

内藤　その通りです。そこへ来て初めて存在感を示せたっていうのは確かですね。

三牧　日本も国連不信に歯止めをかけ、本当の意味での国際平和に貢献する行動をしてもらいたいところですよね。

イスラエル・ロビーの影響力

三牧　さて、なぜアメリカの議員たちはイスラエルを批判できないのか。アメリカで今、原理原則に照らしてイスラエル批判をきっちりできている議員は、ニューヨーク州選出の民主党議員、AOCの愛称で親しまれているアレクサンドリア・オカシオ＝コルテスなど、多くの人に支持され、小口献金で十分に選挙資金を集められる、そうした少数の議員だけで、停戦を主張している議員は一部にすぎません。

ここで、「イスラエル・ロビー」の影響力を考えないわけにはいきません。イスラエルにとって有利な政策をアメリカに進めさせるために、イスラエルを支持する富裕層から寄付金を集め、その資金力でさまざまな働きかけをする団体のことです。とりわけ「最強のロビー団体」ともいわれるアメリカ・イスラエル公共問題委員会、通称ＡＩＰＡＣは、豊富な資金力を生かして連邦議会選挙でも大きな影響力を持ってきました。彼らが選挙活動に資金をつぎ込むのは、もちろん親イスラエル的な政策を期待してのことで、ＡＯＣのようにイスラエルに批判的で、かつ自分で資金を調達できる議員は目の上のたんこぶです。ＡＯＣは彼らの批判にさらされ続けてきました。

確固たる支持層に支えられ、資金面での独立性を実現していて、イスラエル・ロビーに頼る必要がない議員だけが、率直にイスラエルを批判できる。これに対して、批判できない議員というのは、イスラエルの行動が正当だと心底思っているというよりは、やはり、次の自分の選挙がどうなるか、イスラエル・ロビーに頼らずにやれるのか、もし彼らに敵視されたらどうなるのか、こうした保身も多分にある。

なお、イスラエル・ロビーとの関係という点で、同じ民主党のＡＯＣとは対極的な立場にあるのがバイデンです。アメリカでは企業や団体などが政党や政治家に直接献金を行なうことは禁止されているため、政治献金の受け皿となるＰＡＣ（Political Action Committee：政治行動委員会）が多数設立され、政治家はそこに集まった献金を、選挙運動の資金とします。さらに今のアメリカでは、一定の条件を満たせば、献金上限のないスーパーＰＡＣも認められています。

1990年以来、選挙献金やロビー活動が公共政策にどのような影響を与えたかを追跡してきた団体オープン・シークレッツによれば、長年の議員経験を持つバイデンは、親イスラエルのPACsから400万ドル超（2023年時点）の献金を受けてきており、政界でも随一の受領額となっています。

もちろんこうしたお金の動きが、バイデンのイスラエル政策にどう影響しているかは慎重に考えなければなりません。しかし、その決定要素の一つであるとは言ってよいでしょう。巨額のお金を動かせるロビー団体に頼らずに、草の根の市民の支持で勝てる政治家は本当に少ない。アメリカ政治はイスラエル・ロビーに支配されている、というのは極論ですが、アメリカの民主政治の実態が、イスラエル・ロビーや、富裕層がお金の力で、不均等に大きな声を持つ歪(いびつ)なものであることは否めません。

多様化するイスラエル・ロビー

三牧　いわゆる「イスラエル・ロビー」「ユダヤ・ロビー」も多様化してきています。ユダヤ系は、人口ではアメリカの総人口の2％ぐらいですが、資金集めに長(た)けていて、資金力を生かしてアメリカ政界で大きな影響力を発揮してきました。「神がイスラエルをユダヤ人に与えた」と信じる福音派も、親イスラエルのロビー活動にさまざまに従事しています。いわゆる「クリスチャン・シオニスト」たちです。ガザ停戦に反対する「イスラエルのための行進」で説教したジョン・ハギー牧師が代表の「クリスチャンズ・ユナイテッド・フォー・イスラエル」はその代表例です。

「アメリカ最強のロビー団体」ともいわれるのが、先に言及したＡＩＰＡＣです。豊富な資金力で共和党と民主党、超党派の議員と関係を構築し、今回のガザ攻撃でもイスラエルの自衛権を強力に擁護し、停戦を主張するタリーブやＡＯＣといった議員を批判してきました。最近では、ミシガン州でタリーブを落選させるための有力候補を見つけるのに躍起になっており、アメリカのイスラエル支持を揺るがすような言動を見せる議員を失墜させるためには、手段を選ばないところがあります。なお、バイデン大統領、ブリンケン国務長官はじめバイデン政権の閣僚も、ＡＩＰＡＣの年次大会に出たり、献金を受けたり、とさまざまに密接な関係を持っています。

これに対して、21世紀になって新たに作られたのが、Ｊストリートというユダヤ系の団体です。資金面ではＡＩＰＡＣに及びませんが、そのイスラエル支持は無条件ではない。彼らはイスラエル支持と共に、パレスチナとの平和共存を掲げ、それを不可能にするようなイスラエルのパレスチナに対する抑圧政策を批判してきました。今回のガザ危機でも、ハマスによるテロは強く批判し、イスラエルが自衛のために取る行動は支持しつつも、その軍事行動がガザ市民を広範に巻き込むものとなっていることは批判してきました。

アメリカは国家として見ると、いまだに非常に親イスラエル的ですが、社会をつぶさに見ると、イスラエルに対してさまざまに批判的な声も出てきていて、ユダヤ系アメリカ人からも出てきています。

内藤　超正統派のユダヤ人というのは、どうなんですか。数は少ない？

三牧　アメリカではユダヤ系が2％ほど。その中でも超正統派はさらに少ないのですが、ニューヨークや各地のパレスチナ支持デモに参加する超正統派ユダヤ人の姿は確認されています。

内藤　政治的には力は持っていない？

三牧　政治的には持っていないといえます。ＡＩＰＡＣの影響力は圧倒的です。

内藤　そちらは完全なシオニスト？

三牧　はい。何があってもイスラエル政府を支持する団体です。２０２３年春、ネタニヤフが司法改革を強引に試みて、独裁色を強めた際、イスラエルのリベラル紙ハアレツが「ＡＩＰＡＣはあまりに無批判的にネタニヤフ政権を支持する」と批判し、「親ネタニヤフ」で「反イスラエル」の団体だという社説を出したくらいです。

不寛容が広がるアメリカに抗う若者たち

三牧　アメリカには「国旗保護法」という法律があって、星条旗の冒瀆に対して罰則がありますが、1989年の最高裁判決によって違憲とされました。この時、連邦最高裁にいて、違憲判断を下した保守派の判事アントニン・スカリアがこのような発言を残しています。「自分は星条旗の破却には反対する。だが、星条旗の破却という行為について、その権利が憲法によって守られているのは明白である」。保守派の判事が、自分には到底共感できないやり方で異論が表現されることを、普遍的な言論・表現の自由という理念に照らして擁護する。これがアメリカの誇るべき自由の伝統であったはずではないでしょうか。

今のアメリカには、上記の判例があるので、自国への抗議としてアメリカ国旗を燃やすことは許容されるでしょうが、イスラエルへの抗議としてイスラエル国旗を燃やしたら罪を問われるのではないか、そう感じてしまうくらい、イスラエル批判に対して非常に不寛容な言論状況が生まれています。マッカーシズム（1950年代、冷戦期アメリカで行なわれた共産主義者狩り）の再来を危惧する声もあります。

ハマスのテロがあった直後、ハーバード大学の「ハーバード学部生パレスチナ連帯委員会」がイスラエルを全面的に批判する声明を出しました。33の学生団体が署名したこの声明は、

「今日の出来事（ハマスによるテロ）は真空から生まれたわけではない」「ガザに住む何百万人ものパレスチナ人は、野外監獄のような生活を強いられてきた」とテロの背景への理解を訴え、テロが起きた原因は、イスラエルのパレスチナ人に対する組織的な抑圧にあるとして、「起こりつつあるパレスチナ人の絶滅政策」を止めるための行動と即時停戦を訴えかけるものでした。

確かに、ハマスによるテロをまったく批判しなかった点は問題だったかもしれません。しかし「ハマスは真空から生まれたわけではない」という学生たちの洞察はその後、国連のグテーレス事務総長なども強調することになる、本質的なものだったといえます。学生たちの意図が、ハマスによるテロを肯定することなどにはなく、ハマスだけが問題視されることで、イスラエルがパレスチナに対して何十年にもわたって行なってきた抑圧の問題が見えなくさせられることへの抗議であったことは明らかです。

しかし、この声明が出た後、学生たちはテロを擁護するのかと大々的な批判を受けることになりました。学生たちの個人情報がインターネットにさらされ、イスラエルを支持する右派団体が、声明に賛同した学生たちの氏名と顔写真を「ハーバードの主要な反ユダヤ主義者たち」と大きく掲示した宣伝トラックをキャンパス周辺に走らせるという前代未聞の事件まで起こりました。標的にされた学生の中には、就職の内定を取り消されてしまった人、殺害予告を受ける人まで出ました。これほどの事態が起こったのに、ハーバード大学側は、学生の言論の自由と身の安全を守るための行動を迅速に取らなかった。
それどころか、ハーバード大学の学長経験者や卒業生から、声明に賛同した学生に対して「ユダヤ人へのテロを擁護している」と批判する声が続々と寄せられ、「うちの会社では雇用しない」と圧力をかける動きも活発になりました。大学が「反ユダヤ主義」への対応を怠っているとして、寄付を引き揚げる動きも次々と起こりました。アメリカという自由の国の、しかも大学キャンパスというもっとも言論の自由が保障されなければいけないところで、お金や権力によって、親パレスチナの声を封殺するということが現実に起こってしまったのです。

　こうした事態により、アカデミア内部にいる人たちも「自己検閲」を始めています。バラク・オバマがハーバード・ロースクール在学中に編集長を務めたことでも知られるハーバード・ロー・レビュー誌に提出され、同誌の標準的な手続きに則っていったんは掲載が承認されたあるエッセイが、緊急会議を経た後、不掲載となりました。そのエッセイのタイトルは、「現在進行形のナクバ」。著者のラビア・エグバリアは、ハーバード・ロースクールの博士課程に在籍するパレスチナ人で、イスラエルの最高裁でパレスチナ人の市民権を擁護するための裁判を担当した経験もある人権派の弁護士です。２０００語ほどのエッセイでエグバリアは、イスラエルのガザ攻撃は「ジェノサイド」という法的枠組みにあてはまりうるものとして分析・評価されるべきであると主張しました。独立系メディア「インターセプト」誌の調べでは、同論文に関して複数の編集者から懸念が寄せられ、全編集者による緊急会議の結果、不掲載が決定されたとのことです。匿名を条件にこのプロセスに関わった編集者が話したところによると、不掲載を支持した編集者たちには、パレスチナ連帯を示したハーバード大学の学生の身に起こったような迫害や恐喝が自分たちにも起こるのではないかという懸念があったといいます。

イスラエル批判・パレスチナ連帯の言論や運動を封殺する動きが起こっているのは、ハーバード大学だけではありません。エルサレムに生まれ、カイロで育ち、その後に移住したアメリカで教鞭をとり、西洋の帝国主義的な知の体系を分析した『オリエンタリズム』（平凡社、1986年）など数々の著作で知られ、パレスチナ問題についても著述・発言し続けたパレスチナ人学者のエドワード・サイードの名を冠した講座のあるコロンビア大学でも、同様の事態が起こりました。大学当局に対し、ガザでの停戦を求める声明を発することや、イスラエルによるパレスチナの抑圧に加担している企業からは寄付金を受け取らないことを求めた学生団体が、大学のキャンパス安全特別委員会によって、活動停止処分を受けたのです。

こうした大学キャンパスにおける学生たちの声が、決して孤立したものでなかったことは、世論調査が示すところでした。ハマスによるテロから1週間ぐらい経って、CNNがイスラエル・ハマスの戦争についての世論調査を行ないましたが、そこには世代の差がくっきりと刻まれました。「イスラエルの軍事行動は完全に正当化できるか？」という問いに対し、65歳以上カ、イスラエル建国後すぐのアメリカによる国家承認や、1970年代以降強まっていったアメリカとイスラエルとの「特別な関係」の歴史などがまず頭に浮かぶ世代で、バイデンに近い認識を持っています。すでに10・7の犠牲者数を超える1500人ものガザ市民がイスラエルの軍事行動の犠牲になっていましたが、それでも圧倒的にイスラエルの軍事行動を支持していました。

それに対して、18～34歳だと「イスラエルの軍事行動は完全に正当化できる」と答えたのは27％にすぎませんでした。この時点では、イスラエルの軍事行動に反対とまでいく人は少なかったにせよ、「完全に正当化できるか」という問いには、疑問符をつける人がすでに多かった。

さらに、だいたい同じ頃に、ハーバード大学の世論調査で「ハマスとイスラエル、どちらに大義があるか？」と質問したところ、18～24歳の年齢層だと、イスラエルと回答する人とハマスだと回答する人、だいたい5割で拮抗(きっこう)していたんです。

その後の経緯を見れば、テロ直後にイスラエルによる大規模な報復を予見し、「起こりつつあるパレスチナ人の絶滅政策」に警鐘を鳴らした学生たちの先見性が明らかになっています。裏を返せば、学生たちの悲痛な訴えを、お金や権力で封殺しようとした上の世代の認識の問題性が明らかになっているということでもあります。

ブラック・ライブズ・マターからパレスチニアン・ライブス・マター運動へ

三牧　ここには若い世代の、世界における構造的暴力に対する洗練されたまなざしがあると思います。あれだけショッキングなテロが起きた直後でも、「この暴力の淵源がどこにあるかを考えたら、一概にイスラエルが正しくてハマスが間違っているとは言えない。パレスチナ市民は攻撃されて当然だということにはならない」と考える人がこの世代に圧倒的に多かったのは、やはり2020年以降、全米に広がったブラック・ライブズ・マター（黒人の命は大事だ）運動の影響が大きかったと思います。

この運動は、白人警官による黒人の暴力的な殺害事件などへの怒りを原動力にしたものですが、決してあからさまな暴力だけを問題視するものではありません。制度や社会に深く埋め込まれ、黒人たちが日々直面させられる、あらゆる差別や暴力を乗り越えようとする運動です。イスラエルでもパレスチナ市民はイスラエル軍によって暴力的に殺されていますが、同時に、パレスチナ市民が「生かさず、殺さず」の形で日々被っている構造的な暴力も乗り越えられていかねばならない。ブラック・ライブズ・マター運動に参加したり、共感してきた経験があったからこそ、若者たちは、パレスチナ問題の本質をすぐに見抜けたのではないでしょうか。

「ジョージ・フロイドに正義を、それと同じようにイヤドに正義を」。こうした声が、パレスチナに広がったこともありました。ジョージ・フロイドは、2020年5月に白人警官に窒息死させられ、その動画が拡散されたことがブラック・ライブズ・マター運動の全米さらには世界への拡大のきっかけになった黒人男性の名前です。イヤドというのは、イスラエルの警官に暴力的に殺されたパレスチナ人の青年の名前です。つまり、この標語は、「ジョージ・フロイドに正義を」と掲げてアメリカの黒人の解放のために戦うのであれば、「イヤドにも正義を」、つまりパレスチナ人の正義のためにも戦ってほしい、そういう人権の普遍性に立ったアメリカへの訴えなのです。パレスチナ側のこうした訴えに呼応して、ブラック・ライブズ・マター運動の中にも、パレスチナ解放を求める声や運動がさまざまに生まれてきました。「命は大事だ」という運動を国内にとどめていてはいけない、世界中で抑圧の解放がめざされなければいけない、と。とりわけ、パレスチナは特別な関心を集めてきました。パレスチナ人は、この世界で命を粗末にされている存在の最たるものだからです。

ここで注目されるのが、２０２４年の大統領選挙に無所属で挑戦することを表明してきた黒人の神学者コーネル・ウェストです。彼はハーバード大学やユニオン神学校などで教鞭をとってきた人で、候補者中、もっともパレスチナ問題に関心を寄せ、活発に発言・運動してきたといえるでしょう。

ウェストはこう言っています。国内で「ブラック・ライブズ・マター」を叫んでいるアメリカは、世界から見たら、軍事行動で大変な数の命を奪ってきた国だ、と。たとえ自分たちの手で殺していなくても、イスラエルに手厚い軍事支援をすることによって、パレスチナ人の死にずっと加担してきた、と。こうしてウェストは、「パレスチニアン・ライブズ・マター（パレスチナ人の命は大事だ）」のスローガンのもと、「アメリカはイスラエルによるパレスチナ人の抑圧に加担すべきではない」とずっと主張してきました。こうした言論が、彼が素晴らしい業績を持ちながらも、ハーバード大学でテニュア（終身在職権）を得られなかった理由ではないかと見る向きもあります。しかし、ウェストのこうした主張に共感する若者は多いのです。

旧東ドイツ地域の反ムスリム

内藤　ヨーロッパにもこのような若い人はいるんです。グレタさんのように。けれど、今回は、ドイツをはじめ先に政府側がハマス非難とイスラエル擁護に固まってしまったので、若い人やもちろん移民も含めて親パレスチナと言いにくい空気があります。

三牧　でもベルリンでも、かなり大きな親パレスチナのデモがありましたよね。

内藤　そう、言っていることは言っているんですよ。ドイツを細かく見ていると、南のほうに行くにつれて、本当に規制するぞと言っているけど、北のほうは規制できないと分かっている。基本的に北のベルリンなどは、やはり言論の自由に対する意識は高い。他方、南はミュンヘンのような大都市はリベラルですが、地方に行くにつれて保守的ですからね。

東西の違いもあります。旧東側のほうが危ないですね。危ないというのはね、二重の意味で危ないんですよ。第二次世界大戦後、社会主義体制のもとにあって、民主主義や自由を回復してまだ30年。昔の反ユダヤ主義を払拭していくにしても、旧西ドイツと比べると十分とは言えないところがあるし、ある意味、反ユダヤ主義はダメだが、反イスラムなら抵抗が少ない。

三牧　その発想は本当に危ない。

内藤　つまり旧東ドイツって、ある意味、そういう修練を経ていないんですね。社会主義だった時代に。その問題は蓋をされたまま再統一まで来てしまうわけで。西のほうがいろいろ問題はあったけれども、外国人も入ってくるし、いろんな人たちもいて、差別の問題とか衝突とかを繰り返しながら学んできていたわけです。

三牧　経験値に差があるんですね。ドイツでも、旧東独と旧西独で、過去との向き合い方にさまざまな違いがあるということなのですね。

内藤　そういうことが起きてしまっているっていうことに対して、ヨーロッパ研究をしてきた人たちは、もう少し「愕然（がくぜん）」とした方がよいのではないかという気持ちがありますね。

トルコを冷遇するEUの限界

内藤　パレスチナを含めて近隣のイスラム地域に関する欧米の評価には決定的な歪みがある。

トルコは、独裁者の非民主的な国だと、EUも含めてそういうイメージが非常に強いのだけど、それはおかしいですね。たとえて言うなら、1980年の光州事件や全斗煥の時の韓国像で、今の韓国を語っているようなものですよ。隣国だと「変化」というものを理解できるが、遠い中東、心理的な距離が遠いイスラム世界には、変化を見ようとしないんです。

三牧　あと、難民の受け入れにしても、欧米からは「民主主義的でない」「人権を大事にしていない」と批判されている国のほうが圧倒的に受け入れてきた事実もあります。

内藤　それはもうUNHCRもちゃんとデータを出しているし、ウクライナの難民をポーランドが受け入れる前はトルコが圧倒的に多かった。ウクライナに限らなければ、トルコは最大の難民受け入れをしている国です。ところが、欧米諸国は全然トルコの貢献を認めない。トルコから難民が溢れ出てくると、「トルコの難民管理が甘いからだ。トルコは難民を武器に使ってEUを恫喝している」と言って非難だけはする。私はトルコ国民じゃないけど、ずっとトルコを見てきたので、いい加減にしろよと思いましたね。

三牧　ウクライナのEU加盟が進んでいることをトルコの人たちは複雑な思いで見ていると先ほどお話がありました。

内藤　ええ、加盟交渉を開始してからあんなに待たせた国はないんですよ。開始まではね、候補国として改革が十分ではないと言われますけど、その基本条件をクリアしたといってから20

年も待たせた例はないわけで、もう本当にダブルスタンダードなんですけど。私、やっぱりね、20年前にトルコをEUに加盟させなかったのは大きな間違いだと思うんです。あの時、加盟していれば、このガザの問題はなかったでしょう。

三牧　違う展開になっていた可能性があると。

内藤　ＥＵに対して、パレスチナの置かれている状況について情報を提供できたし、ＥＵ側も聞かざるを得ない。

三牧　そうですし、ＥＵについても、西洋と非西洋世界で規範を使い分けるダブルスタンダードを平然と行なう、キリスト教国の集合体と見られることもなかったかもしれない。

内藤　ＥＵが「キリスト教クラブ」であってはならないことを積極的に示せたはずです。

三牧　今の路線を続ければ、あなたたちが言う「人権」や「法の支配」は、結局白人のキリスト教徒の話ですよね、ということになりかねない。これからでも遅くありません。ＥＵの普遍性を信じたいところです。そのためにはまず、自分たちは非西洋世界に何をしてきたか、どのように見られているかを批判的に省みることから始めなければならない。

「人殺しをしない」を民主主義の指標に

内藤　そうなんです。オスマン帝国は、スレイマン大帝の時（16世紀前半）にヨーロッパに領土を拡大しました。彼は、法の体系を整備したから「立法者スレイマン」とも呼ばれる人。

オスマン帝国は、征服といったって、そこに住んでいる人たちを虐殺したわけではない。たとえばどこかの国に勝ったら、その国の王に「臣従の誓いを立てるか？」と聞くわけですよ。それで、「臣下になります」と答えた場合には、もうそれ以上攻撃はしない。あとはイスラム法に則って税金だけ払えと言ってね。その代わりオスマン帝国が、その国を守る義務を負うわけです。相手があくまで戦うと言うなら徹底した戦いになりますが。

だから、支配していたと言っているけど、バルカン半島を見ればわかるように、民族を根絶やしにしたわけでも、支配者の言語を押しつけたわけでも、キリスト教会を潰したわけでもない。だからバルカン諸国では言語も教会も残っている。

ところが19世紀以降、ナショナリズムが西のヨーロッパからもたらされたことによって、その話を書き換えていってしまうんです。「オスマン帝国の支配と戦って、その民族が自立したのだ」というように。その神話を作り上げたのが、西ヨーロッパの列強諸国でしたね。だから、結局、その民族自決の言説が出てきた後、共存は難しくなっていってしまう。

そして、第一次世界大戦で敗れて、完全にオスマン帝国は滅亡します。その途中で、ナショナリズムというものが異様な勢いで強まる。あの地域、もともとたくさんの民族が住んでいた上に、国境線などなかった。そこで領域の奪い合いを始めたら凄惨な争いが起きる。その後にできたトルコは、バルカン諸国と同じように強烈なネーション・ステート（国民国家）になっていきます。その結果、クルド問題も起きてきたのです。パレスチナ問題も、この時代にイギリスがシオニストの要求に応えて示した、パレスチナにユダヤ人の「民族の郷土」を作るのを支援するというバルフォア宣言が発端となりました。

エルドアンという政治家は、領域国民国家としての新しいトルコと、その前600年に及ぶイスラム帝国の伝統の両方を見た上で、やはり強過ぎる一国ナショナリズムというのは、民族の共存には不向きだと理解しているのです。それが、イスラム主義の政治家としての彼の背骨でしょう。だから、ヨーロッパのネーション・ステートのコピーだったトルコを変えていったのですが、ヨーロッパは絶対それを認めたくない。自分たちがやってきたことが負の遺産だったなどと絶対に認めない。この負の遺産が今のパレスチナ問題に、ガザ問題にそっくりそのまま表われているのです。

三牧　反省しないがゆえに、また同じことが繰り返されています。

内藤　本当に反省がない。帝国以前までは、とりあえず共存してたわけですよ。その前のマムルーク朝から始まってオスマン帝国までの間600年以上ね……。エルサレムだってユダヤ教徒の聖地でもあるし、キリスト教徒にとっても聖墳墓教会があり、ゴルゴダの丘だったところです。イスラムにとっては、アルアクサ・モスクと神殿の丘がありますから、別にどれが誰のものだって囲い込まなかった。ただ共存していた。そこに宗教単位で、俺たちが上、お前たちは支配される側というマウンティングをしたがったのは、明らかにヨーロッパ側であって。聖地管理問題なんて、突き詰めればそういうことにすぎない。

三牧　自分たちが「普遍的だ」と考える指標で、諸国家をジャッジすることを平然とやる。画一的な指標で世界を序列化する。歴史から学んでいない態度といえます。

内藤　たとえば、民主主義のランキングを表わす指標の中に、「人殺しをしない」っていう基準を入れてみればいい。がらりと順位が変わるから。アメリカは大いに順位を落とすでしょう。人殺しの数で減点していったらどういう序列になるか。

三牧　おっしゃるとおり、どうしても一つの指標を作って世界を序列化したいというのであれば、歴史的にどの国がどれだけ人を殺してきたか、支配してきたか、そういう基準で世界を序列化してみて、自分たちがどこに位置づけられるか、見つめてみたらいいですね。

内藤　つくづく思うのは、これからはやっぱり、「殺さない」という大原則をもっと評価すべきですよ。殺し続けている国に民主主義を説かれたくない。

ガザから見えるフェミニズムの課題

三牧　ガザの問題を、自分ごととして考えるためにどのような視点が重要か。その一つがフェミニズムだと思います。お話ししてきたように、非西洋世界との関わりにおいて、フェミニズムはしばしば、「女性の人権」を高々と掲げ、非西洋世界を見下し、「解放」のための軍事行動を正当化するものとなってきました。私たちが大切に受け継ぎ、発展させていくべきフェミニズムは、このようなものではない。弱き者も等しく守る、異文化や異宗教の考えに敬意を持つ、何より命を大事にし誰も殺さない、そういう思想や運動としてのフェミニズムであるはずです。

フェミニズムの大事な概念に、「個人的なことは政治的なこと（The Personal is Political）」がありますが、幾重もの抑圧や差別が交錯した、監獄のようなガザの極限状況を考えるには、時には意識的に「個人的なこと」から飛び出し、自分にとってはまったく未知とも思える世界に想像力をめぐらせる必要もあるかもしれません。でないと、身の回りの「個人的なこと」が、大きな構造的な不正義の問題へと行きつかず、「個人的なこと」のままで終わりかねない。

内藤　そう。それって、「私が世界だ」と言っているわけではないのでね、本来は。

三牧　お話ししたようにアメリカ国内において人種平等を求めるブラック・ライブズ・マター運動は、パレスチニアン・ライブズ・マター運動に発展してきました。これはまさに、「個人的なこと」を介して、世界的な構造的暴力の問題へと到達した一例だといえるかもしれません。つまり、「ブラック・ライブズ・マター」と叫んでいる人々が住んでいるアメリカは、国家としては、パレスチナ人を迫害するイスラエルに全面的な支援を行ない、その抑圧に加担してきた。こうした構造への理解が深まるにつれ、「いや、ブラック・ライブズ・マターと言うんだったら、我々アメリカがやってる世界的な抑圧を考えなきゃいけないんじゃない？」という認識が生まれてきた。そういう普遍的な視点に立った人権感覚ってとても重要だと思うんです。

だから、ＺＡＲＡという一企業の広告は、それ自体は大変愚かなものですが、この広告をきっかけに「こういう宣伝が臆面もなく出てしまう世界って、何なのだろう？」「いったいそこで誰が権力を握り、誰が迫害され、排除されて、声を奪われているのだろう？」と考えるようになり、世界がより立体的に見えてくる。そういうこともありえます。何も知らずにＺＡＲＡの広告を見て「かっこいい」「美しい」と感じた人も、それが暗喩するものや、その背景にある暴力や差別の問題を知れば、美しいどころか本当にグロテスクであると感じるはずです。世界のことを知れば知るほど、安易にＳＤＧｓなんて美辞麗句は信じられなくなる。その背後にある利害が見えてくる。でもそれはシニシズムとは違う。本当の意味で人権や人道を考え、実現していくための布石だと思っています。

安倍外交とイスラエル

三牧　日本が今、何ができるかということに関してですが、「安倍（晋三）さんがいれば……」とおっしゃる方、かなり多いですよね。そういうカリスマ待望論みたいなものはそれ自体危うさを抱えていますが、その前に、安倍外交ってそもそも何だったのかという批判的な検証がもっと必要ではないでしょうか。具体的に功罪を議論しなければならないのに、安倍外交の「レガシー」のようなふわっとした形で理解され、称賛されてきた。どんな政治家にも必ず功罪がある。しかしその人物が国家が執り行なう国葬に付されれば、どうしても批判は難しくなる。そうした意味でも、民主主義の国にあって、総理大臣の国葬をするということは問題であったと考えています。

内藤　イスラム国の日本人人質問題の渦中に安倍首相（当時）がエジプトを訪問して、テロと戦う国には2億ドルあげましょうと宣言して、その金額をそのままイスラム国側が要求する身代金にされたこともありましたね。

三牧　その傾向は岸田政権にも受け継がれていますね。安倍外交は、トランプ大統領との蜜月関係をつくり上げて、日米関係に大きな財産を残したとされていますが、大事なのは、蜜月関係そのものではなく、緊密な個人間の関係を利用して、アメリカにどのような働きかけを行ない、どう日本の国益に資するような動きを生み出したか、とりわけ日本国民に何をもたらしたのかです。アメリカへの「朝貢外交」であったのではないか、と批判されるほどのアメリカへの大盤振る舞いについては、もっと検証が必要でしょう。それだけいろいろアメリカに差し出したのであれば、アメリカからそれくらいの譲歩は引き出せて当然、ということであったのではないか。北方領土問題の交渉はじめ対ロ外交、対中東外交、対中外交、対朝鮮半島外交、きちんと後世の国民に何を残したのかという観点から検証しなければいけないことは山ほどある。

バイデンの親イスラエル姿勢は問題ですが、彼の場合は筋金入りのシオニストなわけで、ある意味信念を貫くものでもある。一方、安倍元首相は別に、バイデンほどイスラエルという国家に思い入れはなかったでしょう。にもかかわらず、イスラエル国旗の前で「テロとの戦い」を宣言するということを場当たり的にやってしまう。そうした行為が持ちうる象徴的意味、とりわけイスラム教徒にとってどういう意味を持ちうるか、考えない。その軽率さも問われるべきではないでしょうか。

内藤　軽率な政治家の言動で、日本人人質が危機にさらされるという……。

三牧　その重大な問題を、今になっても直視できてないわけですよね。アメリカですら、中国に対して台湾侵攻には反対だという断固たる態度を示しながらも、中国に過度に好戦的なメッセージを送らないよう相当気を配った外交をしているのですが。バイデン政権は、たまに大統領による不規則発言はありますが、中国が台湾侵攻した場合にアメリカが軍事力で対応するかどうかについては、意図的にあいまいにしておく「あいまい戦略」を崩していません。バイデンがたまに習近平を指して「独裁者」とうっかり言ってしまうのを、ブリンケン国務長官が火消しの発言をするなど、ホワイトハウスから誤ったメッセージが発されないよう気を配っています。その点日本は、外相をよく変えますね。G7議長国の年に外務大臣を、特段理由もないのに林芳正（よしまさ）さんから上川陽子さんに替えてしまって、外交を適当に考えていると諸外国に受け止められかねない。

岸田首相も最初は、「イスラエルとハマス、紛争当事者双方に自制を求める」という、ある意味、今となっては国際社会の総意となっていることを言ったのに、その後、G7外相サミットがあったり、上川外相が中東訪問する中で、「G7諸国と一致してテロと戦う」みたいな、いつもの論調になってきてしまいました。平和国家、とりわけ被爆経験を持つ国家として、重要な局面ではG7と異なる平和へのアプローチを取ってもいいはずなのに。

内藤　そうでしたね。

三牧　本当に世界を隈（くま）なく見ているのか。そうではなく欧米の出方だけを見てはいないか。そう思ってしまうこともあります。

トルコ外交と日本外交

内藤　トルコに目を転じますと、あの国は別に、どことも戦争する気はありません。けれど、あの国の軍隊は非常に毅然としています。自国の安全保障にとって脅威となれば一切妥協せずに戦う。だから、トルコに対して口ではさまざまに非難する国も、軍事的に衝突しようとは思わない。戦争になったら、国民が総力で向かってくるトルコに勝てません。

アメリカと揉めているのは、F16戦闘機の売却と更新をアメリカが渋ったからです。中でも民主党で上院の外交委員長だったボブ・メネンデスが反トルコの急先鋒でした。大統領が売却に前向きでも議会で阻止してきた人物。

三牧　しかも、民主党。

内藤　民主党です。ところが、メネンデスが、2023年9月、突然エジプトから多額の賄賂を受け取ったという理由でFBIに起訴されてしまって。

三牧　ありましたね。

内藤　メネンデスの妻はアルメニアのロビイストで、彼女も有名な反トルコなんです。トルコ国内では、「うちの諜報機関の快挙だ」とみんな思っている。真相は知りませんけど、エジプトから相当のカネと金の延べ棒と高級車をもらったという証拠をFBIがずらりと並べていました。あのきれいな証拠の出し方、私も、トルコの情報機関が執念で調べた結果をFBIと共有したのではないかと思いましたね。

三牧　なるほど。

内藤　これがフィダン外相就任後のヒットだったことは確かですから。アメリカに対して「うちのを舐めたらあかん」というメッセージでしょう。

三牧　同じことを日本はできるでしょうか。むしろ、アメリカを宥めるためにとにかく低姿勢に徹して、言われるがままに譲歩を重ねる、そんな展開になりそうです。

内藤　残念ながら、御用聞き。トルコは、「戦闘機を売らないと言うのなら、何も取引先はアメリカだけじゃない」と言っているんです。トルコの人は、自前で造るほうに進むでしょう。既にフリゲート艦とかも造っているし、ドローンはウクライナにずいぶん売っていますけど、さまざまな兵器を作れるようになっている。でも、それでも、核兵器だけはやっぱりイスラム的にダメだと言っています。

三牧　日本より、よっぽど明確に自主外交、反核外交をやっているんじゃないですか。その気概を日本も見習ってほしいです。

内藤　イランも、あれだけ核開発疑惑を言われているけど、最高指導者のハメネイは、核兵器も化学兵器もダメだと言っている。あれは嘘じゃない。彼はイスラムのリーダーですから、核兵器や化学兵器を使うことが、イスラム法上、どう考えても正当性がないからダメだときっぱり言っている。スンナ派、シーア派問わずそれは同じです。ところが欧米諸国は、頭からイランなど悪の枢軸の頂点だと決めつけてしまう。しかし、はたして欧米やイスラエルのほうが信頼できる核保有国と言えるのか、イランは信用できないと言えるのか、私は疑問に思っています。

三牧　再び強調しますが、イランにそこまで迫るのなら、まず、イスラエルに査察を入れないことには何も信憑性がない。なにしろ自分たちで核兵器を持っていると公言して、パレスチナへ核の脅しまでしているわけですので。

内藤　査察しなきゃダメでしょう。持っていることは明らかなので。

三牧　でも一応、世界に対しては核を持っているかどうかグレーにしていたところを、戦争がもたらす高揚感の中で「ガザで使うぞ」とか言って、自らばらしているのは間抜けですね。

内藤　あいまい政策を取り続けてきたのにね。

三牧　多極化し、パワー・バランスも変化している世界において――これは物理的な力関係だけでなく、道義や規範の力も含めて――日本は、アメリカとの関係は重要でも、重要だからこそ、この国が非常に多くの問題を抱え、対外的には暴力性を発揮してきたことを直視すべきでしょう。日米関係を真剣に考えるからこそ、そしてアメリカとは縁を切れないからこそ、アメリカという国の暗部から目を背けて、「基本的価値観を共有した、かけがえのない二国間関係」といった言葉で美化するばかりではいけない。長期的には、不安定化する世界を日米同盟だけで乗り切ろうとする発想は捨てて、より多方面に活路を見出していくべきです。今回のガザ危機は、欧米諸国が非常に問題ある中東へのアプローチをしている中で、日本は自分たちの平和国家としての歩みを大事にした独自のアプローチができるかどうか、その一つの試金石ではないでしょうか。多極化する世界に適合した外交を模索し、進める局面です。

内藤 できないわけじゃないんですよね。

三牧 核問題について、日本は少なくとも政府レベルでは、防衛のためであればいいというG7の価値観に近づいている。価値観においてまで、今、日本はアメリカに妥協しつつある。

内藤 そこで妥協したら、もうおしまいですよ、何も残らない。

三牧 私もそう思います。現実の政策面でアメリカに追随するのとはまた違う次元の話です。私たちが大切にしてきた、誇るべき非核の価値観まで今、対米追随をして捨てつつある。

日本は欧米とイスラム圏をつなぐ役目を果たせるか?

内藤 いや、日本はどうしたらいいかって、もう少し明るい方向に変えていきたいですよね。

三牧 岸田首相は、日本は「G7とグローバルサウスの橋渡し」になると表明してきましたが、日本外交のG7追随の現状を的確に把握していたら、こんなこと言えないはずです。ただ、ガザ危機に際しては、12月に安保理と総会の緊急特別会合両方で即時停戦に投票した。戦争の問題については、かろうじて、対米追随しないで、世界の良識と歩調を合わせた。

もっとも日本はアフガニスタンに関しては、長年同地で医療・人道活動に従事された中村哲先生、国連事務総長特別代表を務められた山本忠通さんの功績もあって、いち早く大使館業務を再開するなど、欧米とは違う動きを見せてきた。この独自の人道へのイニシアティブを、パレスチナに関しても、もっと発揮してもらいたいですよね。

内藤　今でもタリバンの高官たちは、「2012年に同志社に呼ばれたことが世界につながる最初のきっかけだった」と言っているそうです。

タリバンが、我々に一宿一飯の恩義を感じているってうれしいことですね。狭かった自分たちの視野を広げるきっかけが日本の同志社大学を訪れることだったというのですから、今度は、我々が行って、女子教育を中止しているのをなんとかしようとタリバンに説教しにいく。それをやりたいですね。女性に教育してはいけないなんていうのは、イスラムのどこをひっくり返したって出てこないですから。

三牧　対米追随を続けてきた日本は、そのことでずいぶんイスラム世界からの評価を下げてしまった面もあると思いますが、まだイスラム世界にぎりぎりの日本の信頼が残っているうちに、もっと独自の中東外交を打ち出して、実行してもらいたい。

内藤　残っているうちにやらないと。だから、それこそやっぱりイスラム圏に対しては、中村哲先生もそうだし、我々も少しだけやっている。偏見を持って接してないよっていうことを繰り返し伝えていかなきゃいけないわけです。でも、残念ながらアメリカの論調に乗っかっている人もいますからね、今。

三牧　この局面でアメリカのイスラム蔑視に乗っかるとすれば、理解に苦しみます。もっともアメリカも一枚岩ではない。バイデンのイスラエル政策への不同意は過半数に達していますし、連邦政府職員やホワイトハウスのインターンも、数百人レベルでバイデン政権に抗議する声明を続々と出しています。

内藤　そうですね。

三牧　アメリカ国内でも相当な異論が起きている。バイデン政権のスタッフからは、抗議の辞任をする人も出てきている。その先陣を切ったのが、ジョシュ・ポールさんという元国務省の職員で、彼は武器輸出を担当していました。それで、イスラエルが無差別的な市民虐殺をしている局面で、イスラエルに巨額の軍事支援を行なうなんて、そんなことの片棒はかつげないと抗議の辞任をしました。日本は対米追随する割に、政権の動きしか見ない傾向がある。アメリカの政府内ですらこれだけ異論があって、いわんや社会を見たら、過半数が停戦を支持しているということもきちんと見据えるべきです。

さらに2024年になって、教育省の政策特別補佐官の職にあったタリク・ハバシュも、「もっとも強力な同盟者というテコを利用してイスラエルを制止することをしない現政権の静かな共犯者にはなれない」と辞任を表明しました。ハバシュは、パレスチナ系アメリカ人です。

さらに、2024年の大統領選に向けたバイデンの選挙スタッフ17人が匿名で、即時停戦を求める書簡を出しました。書簡は、即時停戦を呼びかけることは「道徳的な観点からも、選挙戦を戦う上でも」、急務だと訴えるものでした。バイデンのガザ危機対応が、若者層の深刻な離反をもたらしうることは先にお話ししたとおりですが、バイデンが、即時停戦を求める彼らの声に真摯に耳を傾けてきたとはとてもいえない。バイデンは、人間の痛みに共感できるという、共感型大統領であることを自ら売りにしてきたのですが、パレスチナ人はその例外のようです。

2023年10月18日、リンダ・トーマス＝グリーンフィールド米国国連大使、ガザ市民への人道支援目的の即時停戦案に拒否権を行使

写真：ロイター/アフロ

2023年12月16日、ニューヨークで行われた「ジェノサイドのための支援をやめよ」という大規模な抗議デモ

写真：ロイター/アフロ

つの希望となっている。

イスラエルのジェノサイドを問う裁判

2024年1月中旬、パレスチナ自治区ヨルダン側西岸のラマラにあるネルソン・マンデラ広場に南アフリカの国歌の大合唱が響き渡った。南アフリカは今、パレスチナ人にとって、一つの希望となっている。

イスラエルがガザ全土で展開してきた軍事行動は、1月14日に100日を迎えた。この時点でガザ市民の犠牲は2万4000人超にのぼり、そのうち1万人超を子どもが占める。この空前絶後の破壊と犠牲への抗議として、多くの国でパレスチナ連帯デモが行なわれてきたが、ついに2023年12月末、南アフリカが動いた。イスラエルの軍事行動は、ジェノサイド条約が定める「ジェノサイド」にあたると国連の司法機関である国際司法裁判所（ICJ）に訴えたのだ。ジェノサイド条約は、第二次世界大戦中に進行したホロコーストへの反省を背景に、1948年、国連で採択された。ジェノサイドを「国民的、人種的、民族的または宗教的集団の全部または一部を破壊する意図をもって行われた行為」と定義し、国際法上の犯罪と位置づけ、締約国に防止と処罰を求めている。南アフリカがICJに提出した84ページの訴状は、イスラエルがガザのパレスチナ住民2万人以上を殺害してきたことに加え、必要物資の輸送を阻害し、住民を強制移動させていることなどを詳細に記載し、「イスラエルによる行為と不作為」は

「パレスチナ人の国民的、人種的、民族的または宗教的集団の相当部分を破壊することを意図しており、大量虐殺的な性格を持つ」と述べている。

なぜ地理的にもガザから遠く離れた南アフリカが、パレスチナ人の命と権利のために戦うのか。そこには冷戦時代に遡る歴史的な経緯がある。イスラエルが建国され、多くのパレスチナ人が居住地を追われて難民化した１９４８年は、南アフリカで白人支配者による黒人に対するアパルトヘイトが確立した年でもある。イスラエルは西側諸国と共に、南アフリカの白人政権の戦略的なパートナーとして、アパルトヘイトを強力に支持し、その存続を支えた。ネルソン・マンデラが率いた反アパルトヘイト運動とは、南アフリカの白人政権のみならず、このような国際的なアパルトヘイトとの戦いだった。長い闘争の果てにアパルトヘイトの撤廃を実現し、１９９４年、すべての人種が参加した歴史的な選挙で同国初の黒人大統領となったマンデラがこう改めて強調したことはよく知られている。「パレスチナ人にも自由が与えられなければ、私たちの自由も完全ではない」。

南アフリカの訴えを支持する国は増え続けている。57カ国・地域が加盟するイスラム諸国機構（ＯＩＣ）や22カ国・機構が参加するアラブ連盟、トルコやヨルダン、さらに中東を超えて、マレーシアやボリビア、ブラジルからも続々と支持が表明された。続けて２０２４年2月には、１２１カ国を擁する非同盟諸国（Non-Aligned Movement）は、ウガンダの首都カンパラで開催された首脳会議で、南アフリカの訴えを支持する宣言を採択した。パレスチナ外務省は、このカンパラ宣言を「選択性やダブルスタンダードがない、国連憲章や国際法の普遍性にかなったもの」と歓迎した。さらに宣言は、パレスチナ問題の重要性、そしてイスラエルの植民地主義、占領、抑圧に終止符を打つための団結と原則的立場を再確認した。

ＩＣＪは1月26日、イスラエルに対し、暫定措置として、ジェノサイド行為を防ぐために「あらゆる手段」を講ずること、ガザ市民に人道支援を供給するために有効な方策を「即時実施」することなどを命じた。ＩＣＪの暫定措置命令は、長期化が見込まれる裁判の審理が継続する間、緊急的に人々を保護するための仮処分だ。命令には法的拘束力があるが、ＩＣＪは強制的な執行手段を持たない。

ＩＣＪの暫定措置命令が出されると、すぐさまイスラエル政府は「反ユダヤ主義」だと猛反発した。ネタニヤフ首相は、「イスラエルの自衛権を否定しようとする卑劣な試みは、ユダヤ人国家に対する露骨な差別だ」「イスラエルに向けられた大量虐殺の罪は、虚偽であり、言語同断であり、世界中の良識的な人が拒絶すべきものだ」と声明を発した。また、イスラエルにはパレスチナ人のジェノサイドの意図はないことも強調した。

確かにジェノサイドの認定のためには、ジェノサイドの意図を立証する必要があり、ハードルは高い。最終的な判断までには数年かかるとみられている。もっとも、イスラエルの閣僚や政治家からは「意図」の存在を強く疑わせる発言も数多く飛び出しており、ジェノサイドの立証はさほど困難ではないという見立てもある。人権団体パレスチナのための法（Law for Palestine）が編集したデータベースには、２０２３年10月7日以降、イスラエル政府がジェノサイドやその煽動（せんどう）を意図した５００もの声明が克明に記録されている。

さらに言えば、仮にイスラエル政府が言うとおり、パレスチナ人という集団を抹殺しようとする「意図」がイスラエル側になかったとして、「意図」もないのにここまでパレスチナ人を無差別に殺せてしまうことも非常に恐ろしいことだ。私たちは、いわゆる「付随的損害（コラテラル・ダメージ）」という言葉が持つ恐ろしさをもっと考える必要がある。対談でも言及したように、これは、テロリストや武装勢力など正当とされる対象への攻撃において、巻き添えになって殺される市民のことだ。アメリカは、９・11後に開始した20年超の「テロとの戦い」でこれまで世界中の市民を数十万人単位で殺してきたが、これも「付随的損害」という言葉ひとつで済ませてきた。殺された自国民の数十倍、さらにはそれ以上の市民を殺しても、絶対悪たる「テロ」を根絶するための「付随的損害」の一言で済ませてきた。同じ問題はイスラエルにも指摘できる。「ハマスのメンバーを一人殺せるならば、パレスチナ人がどれだけ犠牲になってもかまわない」。こうした発想のもとに行われる殺人は、たとえ法的な意味で「ジェノサイド」と定義されるものでなくとも、等しく私たちを戦慄させるものであり、完全に人道に悖るものである。

ジェノサイドを否定するアメリカ

南アフリカの起こした訴えへのバイデン政権の反応は冷淡だった。国家安全保障会議のジョン・カービー報道官は、まだ公聴会で具体的な陳述がなされる前に「イスラエルがジェノサイドを遂行しているという主張は根拠がない」と断じ、「ジェノサイドは、軽々しく使ってよい言葉ではない」と釘を刺した。国務省のマット・ミラー報道官に至っては、「イスラエルを激しく批判する人々こそが、イスラエルの消滅とユダヤ人の大量殺戮を公然と呼びかけ続けている」と、イスラエルを罪に問おうとしている側にこそ、「ジェノサイド」の意図が疑われると糾弾した。

もっとも、こうしたアメリカ政府の発言が、ガザで現実に起こっていることとの綿密な検証に基づくものとは考えにくい。「どのようにアメリカ政府は、イスラエルがジェノサイドを行なっていないという判断に至ったのか」という報道陣の質問に対し、ホワイトハウスの報道官は回答を避け続けている。イスラエルの軍事行動が国際人道法に適(かな)っているかについても、アメリカ独自に検証しているわけではなく、イスラエル政府や軍の高官がそう主張しているのを額面どおりに受け取っているだけだ。

バイデン政権がいかにパレスチナ人の苦しみに冷淡かを象徴したのが、ハマスによるテロから100日の区切りに、バイデンが発した声明だった。声明には、「ガザでハマスの人質となっている6人のアメリカ人を含む100人以上の罪のない人々」に関する言及のみがあり、2万4000人超のパレスチナ人の犠牲も、ガザでは1日10人の下肢切断手術を受ける子どもがいることも、住民の9割近くが強制移住の状態にあることも、4割超が危機的な飢餓状態に陥っていることも、一言も言及がなかった。

もちろん、ガザでのイスラエルの軍事行動が法的な意味でジェノサイドにあたるかどうかは今後、慎重に審議される必要がある。しかしこの短期間にガザでは人口の1%以上にあたる人々が殺され、子どももこれだけ犠牲になっていること、支援物資の搬入が制限されていることで組織的な飢餓が起こっていることは「ジェノサイド」という言葉で表現するしかないほどに衝撃的であり、「自衛」の名のもとに正当化されるはずがないことは疑いがない。バイデン政権はこの事実から目を背け続けている。

イスラエルの残虐な攻撃が続く中でも、アメリカの政治社会には、イスラエルの軍事行動を批判することをためらわせる異様な雰囲気が広がってきたことは、対談でも論じたとおりだ。12月の初めには、下院で「反シオニズムは反ユダヤ主義であることを明確かつ断固として表明する」という文言を盛り込んだ決議が圧倒的多数で可決された。現実に起きているガザでの大量虐殺は直視せず、それどころか、イスラエルのパレスチナ市民への無差別攻撃や集団懲罰を批判する人々を、「反ユダヤ主義者」「ユダヤ人虐殺の煽動者」と批判し、その口を封じていく。そんな状況がアメリカに生まれているのである。

本来ガザ危機においてもっとも活発に発言し、この問題についての理解に貢献すべき中東研究者ですら、政治的・社会的圧力を強く感じ、「自己検閲」に走りつつある。メリーランド大学とジョージ・ワシントン大学が、アメリカの大学で中東問題について研究する教授や大学院生936人を対象に、「中東について、とりわけイスラエル・パレスチナ問題について話す際、自己検閲をするかどうか」と尋ねたところ、69%が「する」と回答し、とりわけイスラエルとパレスチナの問題について話す際に、「自己検閲」をする必要性を感じていると回答した人は82%に及んだ。より詳細に、どのような局面で「自己検閲」の必要性をもっとも感じるかという質問に対しては、81%が「イスラエルを批判する時」と答え、「パレスチナを批判する時」は11%、「アメリカの政策を批判する時」は2%にとどまった。この数字を見る限り、「大学キャンパスでは、イスラエルに不当な、親パレスチナの言説ばかりが許容され、蔓延している」という議員たちの主張とは真逆の言論状況がある。中東に関する専門的な知識を持つ人々でも、キャンパス内外からのさまざまな圧力を恐れて、イスラエル批判をしにくくなっていると感じているのだ。[*1]

バイデンの責任

アメリカ大使館のエルサレムへの移転など、露骨に親イスラエル政策を進めた前共和党政権のトランプに対し、バイデンは相対的には、パレスチナ人の人権にも配慮する政治家と見る向きもある。しかし、彼の長い政治キャリア、さらには生い立ちを見ていくと、「シオニスト」を自称してきたことが示すように、バイデンにはイスラエルへの深い共感や思い入れがあり、そうした個人的な心情がこの局面でイスラエル支持をさらに強力に後押ししている、そう考えざるをえない。

２０１５年、当時オバマ政権の副大統領だったバイデンは、イスラエルの独立記念日に次のような演説を行なった。それは今日まで変わらないバイデンのイスラエル観をよく表している。

　私がイスラエルを愛していることは誰もが知っている。……１９４８年5月14日の真夜中、あらゆる困難に立ち向かい、焼けつくような悲劇に見舞われ、圧倒的な数の軍隊が国境に集結する中、これに立ち向かい、近代イスラエル国家が誕生しました。……もしイスラエルがなかったとしたら、アメリカはイスラエルを作り出さなければならない、……イスラエルは、世界中のユダヤ人の安全保障のために絶対に不可欠な存在です。……もしイスラエルが攻撃され、圧倒されたとしたら、私たちはあなたのために戦うことを約束します。……

バイデンのこの言葉には、1948年5月14日の翌日が、パレスチナ人にとっては虐殺と強制移住という「ナクバ（大災厄）」と記憶されていることへの配慮が一切ない。これに続いてバイデンは、「私にとって、イスラエルの安全保障を守るというコミットメントは、単なる政治的、国家的利益ではなく、個人的なものだ」と明言した。

その言葉どおり、バイデンのイスラエル贔屓は筋金入りだ。ペンシルベニア州スクラントンに生まれたバイデンは、イスラエルを断固支持するカトリック教徒の両親のもとで育ち、イスラエルへの尊敬の念を植えつけられた。バイデンの回顧によれば、父親はよく、「1930年代、ホロコーストを前に世界がいかに黙って傍観していたか」について話していたという。バイデンの子どもはユダヤ人と結婚し、ユダヤ人の孫がいる。バイデンはすべての子どもと孫について、14歳に達した時、ドイツにあるダッハウ強制収容所を訪問させてきたと語っている。ユダヤ人の強制収容のみならず、人体実験なども行なわれた場所だ。

1973年、若き上院議員だったバイデンは、イスラエルを訪問し、当時の首相ゴルダ・メイルと会談した。これを皮切りに、バイデンは歴代のイスラエル首相と会談し、関係を構築してきた。バイデンがイスラエルに到着して最初に訪れたのはホロコースを記念するヤド・ヴァシェムであり、ここでも「二度とホロコーストを繰り返してはならないという誓いを新たにした」という。

そのキャリアを通じてバイデンは、イスラエルの軍事行動に常に理解と支持を与えてきた。それがたとえ、市民を巻き込むものであっても、である。1982年、イスラエルがレバノンに侵攻した数日後、訪米したイスラエルのメナヘム・ベギン首相が上院外交委員会の場に現れた。レバノンでのクラスター爆弾による民間人殺害について複数の議員たちから追及された際、立ち上がり、非常に熱のこもった演説でイスラエルを強力に擁護したのがバイデンだった。帰国したベギンはその時の模様について次のように語っている。「バイデンは、我々よりさらに踏み込んだ主張を展開し、イスラエルを侵略しようとする者に対しては、たとえ女性や子どもを殺すことになろうとも、力強く撃退すると述べた」。このバイデンの発言は、右派政党リクードの創設者ベギンに強い印象を残した。結局、当時の大統領ロナルド・レーガンがベギンに電話をかけ、レバノンの首都ベイルートの制圧を断行するならば、「我々の将来の関係全般が危険にさらされる」と強い口調でその中止を求めた。この時、レーガンは、意図的にホロコーストという言葉を使い、「今やその象徴は、腕を吹き飛ばされた生後7カ月の赤ん坊の絵になりつつある」と強く迫ったという。その20分後、ベギンから電話があり、砲撃の中止を命じたと告げられた。

２００６年6月にはガザを、７月にはレバノン南部をイスラエルが空爆し、その無差別性が国際的な批判にさらされた際も、バイデンは「イスラエルこそがテロの犠牲であることを理解しさえすれば、イスラエルの行動の正当性がわかるはずだ」とイスラエルの軍事行動を全面的に支持した。この時、バイデンが引証したのが、９・11後のアメリカによるアフガニスタン侵攻だった。確かにアフガニスタンでも無辜の市民が多く犠牲になった。このことを踏まえた上でバイデンは、「第二次世界大戦以降、アフガニスタン戦争ほど正当であった戦争はないと思う。罪のない人々が殺されたが、それはアメリカの国益のためだった」と強調し、イスラエルの軍事行動に理解を示した。

現実にイスラエルがいかに凄惨な軍事行動を展開していても、「イスラエルこそが犠牲者だ」とみなす思考。市民を無差別に巻き込むイスラエルの軍事行動すら、「自衛」だと支持する思考。これらの思考は今日のバイデンにもそのまま受け継がれている。ハマスによるテロから10日ほど経って、イスラエルを訪問したバイデンは、ここでもホロコーストの記憶を何度も喚起した。バイデンは、「10月7日は、ホロコースト以来、ユダヤ人にとって最悪の日となった」「それは、数千年にわたる反ユダヤ主義とユダヤ人虐殺が残した痛ましい記憶と傷跡を表面化させた。世界はそれを見ていた。知っていたのに、世界は何もしなかった。私たちは再び何もせずに傍観することはない」とイスラエルへの強い連帯を表明した。
ホロコーストの悲劇に想いを馳せ、未来への教訓にすることは重要だ。しかし、その教訓は「誰に対しても」生かされるものでなければならない。「私は差別的なトランプ前大統領とは違い、他人の痛みがわかる人間だ」と、共感型大統領であることを売りにしてきたバイデンだが、バイデンがもし、ユダヤ人の命がパレスチナ人の命よりも重要だと考えているのであれば、それこそがまさに自分が批判してきたレイシズム（人権主義）だ。なお、バイデンとイスラエルを結びつけているのは、決して感情的な紐帯だけではない。政治資金の動きを調査する非営利団体オープン・シークレッツによれば、長い議員歴を持つバイデンは、これまでに親イスラエルの団体から、政治献金の受け皿となる「ＰＡＣ」を通して４００万ドル超（２０２３年時点）を受け取っており、政治家の中で最大の受領者である。[*2]
「バイデンは口ではイスラエルを批判しても、結局は大目に見て、イスラエルを擁護してくれるだろう」。こう見抜かれているのだろうか。ガザ危機の中で、イスラエルではバイデンの支持率が上がっている。タイムズ・オブ・イスラエル紙の世論調査によれば、イスラエル国民の40％が、２０２４年の大統領選挙でバイデンの再選を望んでいる。共和党の最有力候補ドナルド・トランプを支持する人は26・２％で、バイデンが圧倒している。この結果は、バイデンとトランプ、同じ顔合わせとなった２０２０年の大統領選時の世論調査とは対照的だ。２０２０

年の世論調査ではイスラエル国民の63%がトランプを支持し、バイデンを支持すると答えたのはわずか17%だった。この種の調査でイスラエル国民が共和党より民主党の大統領候補を支持するのは、少なくとも20年ぶりという極めて稀な例だという。[*3] ガザ危機の中で見せたバイデンの親イスラエルぶりが世論調査の結果に影響していることは間違いない。アメリカさえ押さえておけば、どんなに国際法や人道を無視した行動をしても大丈夫だ、トランプは確かに親イスラエルだが、行動が読めないところがあるから、バイデンのほうがベターだ、こんな心境だろうか。バイデンはイスラエル国民から寄せられる好意が、そんな動機からくるものだとしても、それでも名誉だと考えるだろうか。アラブ諸国では、「バイデンは、この地域におけるアメリカの地位を、ジョージ・W・ブッシュが行なったイラク戦争よりも傷つけている」という声も聞こえてくる。[補足：もっとも2024年3月に入り、これまで明言を避けてきたトランプが、この戦争に関してはイスラエル側に立つと発言したことや、バイデンが「ラファ侵攻はアメリカにとってのレッド・ラインだ」としてネタニヤフ政権への批判を強めたことなどを受け、イスラエル国民のバイデン支持（30%）とトランプ支持（44%）は再び逆転した。]

バイデンがたびたび表明してきたイスラエルに関する持論は、イスラエルが「アメリカから見放された」と感じたり、孤立を感じたら、いよいよアメリカのアドバイスを聞かなくなるだろう、「抱擁」して、善導していくことが賢いやり方だ、というものだ。しかしガザ危機の中で、こうしたバイデンの認識が根本的に誤ったものであることがあらわになっている。現実には、アメリカが、イスラエルがどんなに非道なことをやっても口頭で批判するだけで支持を揺らがせず、国際社会の批判からも守り続けるがゆえに、イスラエルの行動はますます過激に、そして残酷になっている。2024年の1月18日、ネタニヤフ首相は、ヨルダン川西岸のすべての土地で、イスラエルが安全保障を担わなくてはならないと主張し、ガザでの戦闘終結後にパレスチナ国家が樹立されることには反対であると、アメリカに伝えたと明らかにした。バイデン政権が求めてきた「二国家共存」を公に否定した形だ。

ジェノサイドに抗するもう一つのアメリカ

ホロコーストが二度と繰り返されないために生まれたジェノサイド条約に基づき、ホロコーストの歴史を背負って誕生したイスラエルの行動が問われるというのは、なんとも皮肉な事態だ。「ジェノサイド」は、ユダヤ系ポーランド人の法学者ラファエル・レムキンが第二次世界大戦中に自書の中で用いた造語である。ホロコーストが進行する中、レムキンは各国政府に働きかけ、その努力がジェノサイド条約へと結実した。レムキンは、「ジェノサイド」を定義し、犯罪とすることで、何が変わるのかと挑発的に問われた際、こう答えている。「人間だけが法律を持つのだ」。人間は、煽動され、人間を憎み、虐殺するような愚かな存在であるが、罪を罰する法律を作り、正義を被害者に取り戻す賢明さも備えている。レムキンはそのような人間の可能性にかけたのである。

レムキンの精神を受け継ぎ、ジェノサイドに抗議の声を上げるユダヤ人ももちろんいる。「ジェノサイドを経験したユダヤ人であるからこそ、虐殺に抗議しなければならない」と。反シオニズムを明確に掲げるユダヤ人団体「平和のためのユダヤ人の声（Jewish Voice for Peace）」はその最たる例だ。１９９０年代に設立され、今や4万人ほどの組織に発展しているこの団体は、イスラエルのパレスチナへの抑圧政策に反対し、パレスチナ人の解放を求め、その先にこそ平和共存の可能性が開かれると主張してきた。彼らが繰り返し主張してきたのは「誰に対しても繰り返すな（Never again for anyone）」。確かに、ホロコーストという悲惨な歴史は絶対に繰り返してはいけない。しかし、それはユダヤ人だけの話ではなく、誰に対しても、との意味だ。これまでにワシントンＤＣの連邦議会議事堂やニューヨークのグランド・セントラル駅を占拠し、停戦デモを行なってきた。

同団体の諮問委員に、著名なジェンダー研究者で『非暴力の力』（青土社、２０１９年）や『分かれ道　ユダヤ性とシオニズム批判』（青土社、２０２２年）などの著作があるジュディス・バトラーがいる。ガザ危機の中で積極的に発信しているバトラーは、「デモクラシー・ナウ」のインタビューで、ガザでは75年もの間、ジェノサイドが進行してきたのであり、現在私たちが見ているのはそのような長年にわたる暴力の一部にすぎないこと、イスラエルはパレスチナ人を直接殺害するのみならず、食糧やエネルギーを遮断することで生きる条件そのものを破壊してきたことを強く批判し、「私たちユダヤの名前を濫用するな（Not in our name）」と強調した。我々ユダヤ人の名のもとで、ジェノサイドを行なうことなど許されない、イスラエル国家やイスラエル軍がしていることは、ユダヤ人を代表するものでないばかりか、むしろユダヤ人が大切にしてきた価値を毀損するものであるという、強い抗議の意志を示す言葉だ。こうした発言のために、バトラーは登壇を予定していたパリでのイベントをキャンセルされるような憂き目にもあっているが、発信を続けている。

確かに停戦を支持するユダヤ系アメリカ人は、数としては、ユダヤ系の中で多数派にはなっていない。ユダヤ系の4分の3ほどがバイデンのイスラエル政策を支持している。もっとも世代に応じて無視できない差も見られる。36歳以上のユダヤ人有権者の80%以上がバイデンのイスラエル政策を支持する一方、若いユダヤ人有権者だと、バイデン支持は半数ほどにすぎないという調査もある。[*4] ２０２１年にユダヤ人選挙研究所が行なったユダヤ人を対象とした世論調査では、25%が、「パレスチナ人から見ればイスラエルはアパルトヘイト国家だ」と回答していた。[*5] 確かに10・7のテロ後、ユダヤ人の多くは、イスラエルの軍事行動を支持する傾向を強く示しているが、「平和のためのユダヤ人の声」のように、かつて祖先がジェノサイドの辛苦を経験したユダヤ人だからこそ、パレスチナ人に行なわれているジェノサイドを容認してはならないと声を上げ続ける人々もいる。

バイデン政権はイスラエル支持を崩していないが、アメリカ世論を見れば、6割超は停戦を支持している。民主党支持者となると7割超が停戦を支持し、共和党支持者でも、5割近くが停戦を支持している。

世代別で見ると、Z世代（1990年代半ばから2010年頃までに生まれた世代）の若者たちのパレスチナ連帯の姿勢は、いよいよ強まっている。2023年12月中旬にハーバード大学アメリカ政治研究センターとハリス・ポールが実施した世論調査によれば、18～24歳までの年齢層の5割超が、「イスラエルの軍事行動を終わらせ、ハマスとパレスチナ人にパレスチナの地を与えること」を望むと回答し、イスラエルがガザで行っていることを「ジェノサイド」とみなす人は6割にのぼった。[*6] 76%が、ハマスと交渉することで地域の平和を実現できると考えている。上の年代になるほど、同様の回答をする割合は減るものの、それでもハマスとの交渉は35～44歳までの年齢層の5割超に支持され、イスラエルの行動を「ジェノサイド」とみなす人も4割超から5割超に及んでいる。アメリカの権力者や富裕層が、親パレスチナ世論に「反ユダヤ主義」のレッテルを貼って取り締まろうとすればするほど、市民、とりわけ若者たちのパレスチナへの共感と連帯は逆に強まるばかりだ。

ガザ危機を理由に、バイデンに投票するのをやめることを考えている若者も増えている。2020年大統領選でバイデン勝利を支えた重要な層の一つだ。2023年12月中旬に発表されたニューヨーク・タイムズ紙の世論調査によると、18〜29歳までの層の有権者のうち、バイデンのガザ紛争への対応を強く支持する人はわずか3％で、強く支持しない人は46％に及んだ。[*7]トランプに対するバイデンの優位は、より道徳的で、より遵法的なことにあったはずだ。法も道徳も踏みにじるイスラエルの軍事行動への頑迷な支持を続ければ、バイデンは道義的な代償のみならず、政治的な代償も支払う恐れがある。大統領選まで1年を切った現段階で、若い有権者の間では圧倒的なバイデン支持は見られず、トランプとかなり接戦になっていると世論調査は示している。

すでにアメリカでは、Z世代とその上のミレニアル世代（1980年頃から1990年代半ばくらいに生まれた世代）の有権者数を合計すると、その上の世代の有権者の合計に匹敵する。これらの若い世代は、「自衛」のためには多くの市民が犠牲になってもしかたないと考える上の世代の政治家バイデンとは対照的に、まず何よりも、命を大事にする世代だ。

Z世代やミレニアル世代のアメリカ市民は、自国が、他国民の命はおろか、自国民の命すら大切にしない国であることを骨身に染みてわかっている。20年超の対テロ戦争に8兆ドルも費やした結果、アメリカ国内の社会保障や医療体制はぼろぼろになり、新型コロナ危機では、これだけ豊かな、世界最先端の医療がある国で、世界最多の死者数を出してしまった。経済格差が拡大し、教育にしても住居にしても、まっとうな生を享受しようとするだけで莫大のお金がかかる。彼らは多様性や人権を大事にする世代だが、そうした美辞麗句が国家や企業の利益のために利用される「ウオッシュ」にもとても敏感だ。「市民の命を暴力的に奪うテロは許されない」「人権は大事だ」と口では言いながら、イスラエルの「自衛」を全面的に支持し、パレスチナ人の命と権利を軽視し続けるアメリカ政府の偽善も見抜いている。

バイデンの個人的な想いにも裏づけられたアメリカ政府のイスラエル支持は強固なものだ。しかし、イスラエルとパレスチナの現実を直視する新しい世代が確実に台頭している。彼らは、アメリカ国内で「黒人の命は大事だ」というならば、世界の抑圧、それへのアメリカの加担に目を向けなければならないとして、「パレスチナ人の命は大事だ」と掲げ、劇的な政策転換によってアメリカが「命を奪わない国」になることを強く求めている。

人道危機の悪化に加担する欧米、そして日本

この終章を執筆している2024年2月現在、ガザの人道危機は極限化している。ガザ市民の犠牲は2月末、3万人を超えた。しかもその人道危機を、日本を含む先進国が後押ししている現状がある。

ＩＣＪの暫定措置命令が出た直後、イスラエルが、「ハマスが昨年10月に行なったイスラエルへの奇襲攻撃に、国連パレスチナ難民救済事業機関（ＵＮＲＷＡ）の職員が関わっていた」という情報を提示し、これを受けて、ＵＮＲＷＡへの最大の資金拠出国であるアメリカやイギリス、ドイツ、さらに日本も次々資金拠出を一時停止した。１月30日の時点で資金拠出を一時停止した国は18カ国・地域に及んだ。

こうした各国の動きを受けて、国連のグテーレス事務総長やＵＮＲＷＡのラザリーニ事務局長は、ＵＮＲＷＡはガザ市民の生命線であり、このままでは２月中にも人道支援が続けられなくなるとの危機感を表明し、人道的な観点から各国に資金拠出を再開するよう強く求めている。国連は決して、ＵＮＲＷＡ職員に関する疑惑を軽視しているわけではない。グテーレス事務総長によれば、イスラエルによる告発には12名のＵＮＲＷＡ職員の名前があげられており、国連はすぐさま調査に乗り出し、９名は解雇、１名は死亡、２名は身元確認中であるという。２月５日には事務総長のイニシアティブで、ＵＮＲＷＡの活動を検証・評価するための独立の調査団も立ち上げられた。スウェーデンとノルウェー、デンマークの研究機関と協力してＵＮＲＷＡの中立性などを検証し、３月下旬には中間報告書、４月下旬までに最終報告書が公表される予定になっている。疑惑に関する調査について、国連がこうした迅速な対応を見せたにもかかわらず、各国はこれを待たずに、ガザが極度の人道危機にあることを知りながら、資金拠出を一時停止したのである。グテーレス事務総長は、「10月7日の攻撃に関わったという、UNRWA職員の忌まわしい行為には、結果が伴わなければならない」とする一方、「UNRWAで働く何万人もの職員の多くは、最も危険な状況において人道支援活動を行なっており、罰せられる立場ではない」「UNRWAが支援する、絶望的な状況にあるパレスチナ人の切実なニーズは満たされなければならない」と強く訴えている。

アメリカや日本のように資金拠出を一時停止した国もあれば、資金拠出の継続、さらには追加拠出を発表している国もある。ノルウェーやスペイン、ポルトガルといった国だ。ノルウェーのエスペン・バート・アイデ外相は、UNRWAへの支援一時停止の動きを、パレスチナ人への集団懲罰だと批判している。さらに外相は、職員に関する疑いは深刻で調査が必要だとした一方、「たとえ事実だとしても組織全体への支援を停止することは間違っている」との踏み込んだ見解も示している。また、2月中にもUNRWAの活動が不可能になるという危機的な状況に鑑み、ノルウェーの研究機関も協力するUNRWAに関する独立調査団の活動について、「調査を徹底する必要はあるが、行き詰まりの打開に向け早急に行なうことも必要だ」とし、最終報告書のまとめを急ぐ必要性も指摘している。

日本を含め、今回、資金拠出を一時停止した国々は「自分たちの資金がハマスに渡り、イスラエルへのテロに使われる」ことを憂慮した、つまり「命を救うため」にこの決定を下したと説明している。しかし、「命を救う」ことを至上命題としているのであれば、なぜこれらの国々は、ICJが、ガザ市民が急迫的な脅威にさらされているとの認識のもと、人道支援を可能にする即時的な措置を求めたことに応じないのだろうか。ある集団の命を守るという大義のもと、なぜここまで簡単に、他の集団の命が軽視され、犠牲にされることが正当化されてしまうのだろうか。アメリカやドイツのように、「命を守るため」にUNRWAへの資金拠出を一時停止したのと同じ国家が、イスラエルへの軍事支援を継続しているのはなぜなのだろうか。ガザで人道危機が加速している今、UNRWAはパレスチナ人にとって文字どおり生命線だ。UNRWAに属する個人が行なったことと、UNRWAという組織は区別されねばならないはずだが、この当然すぎる視点が、パレスチナ問題になるとここまで失われてしまう。私たちは、すべての人の命は平等であり、等しく守られねばならないという人道の大原則を確認し、「パレスチニアン・ライブズ・マター」の声をいっそう強くし、求め続けていかねばならない。

新たなモラル・コンパスを求めて

２０２４年1月11日に始まったイスラエルによるジェノサイドをめぐる公聴会で南アフリカの裁判団の一人はこう述べた。「ガザで起こっているジェノサイドは、歴史上初めて、同時中継されているジェノサイドだ。……世界は恥を知るべきだ」。欧米諸国は、「恥」に向き合わない国ばかりのようだ。公聴会が始まる前からこの裁判を「根拠がない」と一蹴してきたアメリカ政府に続き、ドイツ政府も、「ジェノサイド条約の政治利用に、断固反対する」との趣旨の声明を発し、イスラエルの自衛権を支持する姿勢を改めて強く打ち出した。イギリス政府とカナダ政府も、南アフリカの訴えを支持しないと表明した。欧州議会は２０２４年1月18日になってようやく、イスラエル・ハマス戦争の恒久的停戦を求める決議を採択したが、そこには、人質全員の即時解放とハマスの解体という二つの条件がついていた。イスラエルの軍事行動は受けた損害に対する均衡性を欠いていると若干イスラエルに批判的な内容も含んでいたが、いったい何をもって「ハマスの解体」とみなすのか。結局のところ、「ハマスの解体」なしにイスラエルの安全はないとして、市民を大幅に巻き込む軍事行動を展開してきたイスラエルの論理と親和的な内容になっている。現在、南アフリカの法律家たちは、アメリカ政府やイギリス政府をイスラエルによる戦争犯罪の共犯者として訴える準備も進めている。

「ハマスの擁護者」との批判を受けながらも、パレスチナ市民の人権を強く訴えてきたパレスチナ自治区担当の国連特別報告者フランチェスカ・アルバネーゼは、「アフリカの女性たち、男性たちが、多数の西側諸国が支援し、可能ならしめた冷酷な攻撃に対し、人道と国際法を守るために戦う姿は、現代を定義するイメージの一つであり続けるだろう。どういうことになっても、歴史に残るだろう」と述べている。進行する虐殺の目撃者として、日本もまた行動を問われている。私たちは歴史の正しい側に立てるだろうか。

ガザ危機で露呈したアメリカの道徳的な混乱状況は、アメリカとの「価値の共有」をうたってきた日米関係についても再検討を迫っている。はたして日米が共有している「価値」とは何なのか。ガザ危機を通じ、アメリカが主張してきた「法の支配」や「人権」「ルールに基づく国際秩序（Rule-based international order）」の内実がこれだけ欺瞞的なものであることが明らかになった今、「価値の共有」を願望のように繰り返すだけでいいのだろうか。２０２２年末、岸田政権が閣議決定した新たな国家安全保障戦略によれば、現在の日本は、「戦後もっとも厳しく複雑な安全保障環境」にあり、そうした認識のもと、日本政府はアメリカとの防衛協力の強化に努めてきた。防衛問題になると、中東やグローバルサウスに確実に広がる「ジェノサイドの共犯者」アメリカへの幻滅や怒りなど見えないかのように、日本政府は「日米同盟の強化」「価値の共有」を繰り返している。

「安全保障をアメリカに依存している日本には、その選択肢しかない」。そう主張する人もいるだろう。しかし、今後はそうした選択を、聞こえの良い道義的な言葉で粉飾しても、いよいよ世界では欺瞞的に響くばかりであることは知らなければならない。

「アメリカはパレスチナ市民の側に立っているふりをすることはできない」。２０２３年11月、国連でパレスチナ代表ナダ・アブ・タルブッシュがアメリカを批判して述べた言葉だ。バイデン政権は、口ではパレスチナ市民の保護を訴えながら、イスラエルへ年間38億ドルの巨額の軍事支援を行ない、現在140億ドル超の追加軍事支援を検討中だ。さらには、イスラエルの軍事行動がこれだけの市民の犠牲を生み、その軍事行動にアメリカが送った武器が使用されていることも判明しているにもかかわらず、バイデン政権とアメリカ議会の圧倒的多数は、イスラエルへの軍事支援がパレスチナ市民への攻撃に使われないよう、条件をつけることや使用用途について透明性を求めることすら怠ってきた。2月27日、パレスチナ人の犠牲者数が3万人に迫る中ようやく、バイデン政権はイスラエルに対し、アメリカが供与した武器を使用する際に国際法を順守すると誓約する書面を3月中旬までに提出するよう求めた。期限までに誓約書が提出されない場合などには、武器供与を停止する可能性が生まれることになるが、バイデン政権がそこまで踏み込んだ対応をするかどうかは未知数だ。なお、2020年の大統領選挙キャンペーン中、バイデンはイスラエルへのアメリカの援助を、イスラエルに譲歩を迫る手段として使わないと発言した数少ない民主党候補の一人だった。そしてもう一人は、最終的にバイデンの盟友となる現副大統領カマラ・ハリス（当時はカリフォルニア州選出の上院議員）だった。

タルブッシュはアメリカとイスラエルとの共犯関係、そして戦争から常に経済的利益を得てきたアメリカの体質を痛烈に批判し、「大量殺戮を行なうイスラエルに武器を送るのをやめるまで、パレスチナ人の側に立つと言うことはできない」とアメリカを糾弾した。こうしたパレスチナからの批判は、アメリカの欺瞞を見てみないふりをしてきた私たちにも突きつけられるものだ。

イスラエルのネタニヤフ首相は、ガザ最南部で避難民が集結し、人口過密状態になっているラファへの空爆を始め、地上侵攻する意向を示している。ラファは、イスラエル政府が安全のためにパレスチナ人に避難を呼びかけてきた場所だ。この先に、パレスチナ人が逃げられるところはなく、甚大な犠牲が生まれる事態となることは必至だ。アメリカを含む各国が続々と懸念や反対を表明しているが、ネタニヤフ首相は「侵攻するなという人たちは、私たちに戦争に負けろと言っているに等しい」と、地上侵攻の決意を変えていない。地上侵攻が実施され、パレスチナ人のさらなる大虐殺が起こっても、欧米はまた、「自分たちは中止を呼びかけた」と眉をひそめるようなことはしても、今までそうであったように、結局、事態を追認するのだろうか。だとすれば、そのモラル・コンパスは完全に破壊されているという他ない。

法の支配や人道。これらの大切なリベラルな理想を、少しずつでも実現していくことを諦めないために、まず私たちはリベラリズムの先導役の顔をしてきた国々によって、どれだけの人々が殺されてきたのか、どれだけの殺人がリベラルな理念の名のもとに正当化されてきたのか、見据えなければならない。

もっとも私たちはアメリカへの希望も捨て去ってはいけない。バイデン政権や大多数の議員が「ジェノサイドを否定するアメリカ」を体現しているとすれば、社会には「ジェノサイドに抗するアメリカ」も確実に生まれている。ハマスによるテロから1カ月後、複数のZ世代の政治活動団体がバイデン宛に、ガザ即時停戦を求める公開書簡を出した。その内容は、バイデンのガザ危機対応は「道徳的にも政治的にも大失敗」であり、「何百万人もの若い有権者を、投票日に家に閉じこもらせたり、第三党の候補者への投票を選ばせる」可能性があると強い警告を発するものだった。書簡はこう締め括られている。「私たちは、イスラエルの無差別虐殺や国際法違反を支持するあなたのために、何時間もかけて戸別訪問したり、投票率を上げようと電話をかけたりしたわけではありません」。こうした若者たちの声や運動は、バイデン政権と親イスラエルに凝り固まったアメリカ政治をどう変えていくか。変化への希望を捨ててはいけない。２０２４年2月27日、大統領選に向けて、ミシガン州で行なわれた民主党の予備選で、アラブ系や若者を中心に10万人超の人々がバイデンではなく、「支持者なし（uncommitted）」に投票した。その多くが、バイデンにイスラエル政策の転換を求める抗議票だ。ミシガン州は大統領選で接戦となる州の一つで、バイデンもこれらの声を無視できない。

　連邦政府の職員たちも抗議の声を上げ続けている。イスラエルの軍事行動が始まってから１００日の節目に、連邦職員たちが組織する「平和のための連邦政府（Feds United for Peace）」がホワイトハウス前で即時停戦を求め、抗議活動を行なった。主催者によれば、27の政府機関の職員を代表しているとのことだ。こうした連邦職員の抗議に対し、議員たちは明白に圧力をかけようとしている。共和党のマイク・ジョンソン下院議長はX（旧Twitter）に「同盟国イスラエルへの支援に抗議するために仕事を放棄する職員は、解雇されて当然だ」と投稿し、各連邦機関は、抗議に参加した人物について、「適切な懲戒手続き」を開始すべきだとも述べた。こうした政治弾圧を警戒し、抗議デモへの参加者に関する具体的な情報は伏せられていたが、それでも多くの参加者が脅迫や圧力を受けているという。そうした危険を冒しても、なぜ抗議デモに踏み切ったのか。主催者は、バイデン政権が軌道修正していくことへの希望を次のように語っている。「私たちはアメリカという国に奉仕し、そのもっとも良いところを反映させるために公務に就きました。今回の件では、ホワイトハウスの政策の軌道修正を促すために、自由に使えるすべての手段を使うことが、私たちの道徳的な義務であり、祖国への愛に基づく義務であると感じています」。現実のアメリカの政策がいかに失望を招くものでも、私たちは、アメリカ政府に変化を求める良心の声が叫ばれ続けていることも忘れてはならない。

遅すぎた感は否めないが、ヨーロッパでも行きすぎたイスラエル支援を修正しようとする動きが生まれている。ＥＵの外相にあたる外交上級代表のジョセップ・ボレルは「あまりにも多くの人が殺されていると思うのであれば、武器の提供を減らすべきだ」と、イスラエルへの武器供与の見直しを各国に呼びかけている。また同氏は、ＵＮＲＷＡへの支援一時停止の動きについても、「人道的災害の拡大を招く」と再検討を促している。こうしたボレルの訴えに連動するような動きも、ヨーロッパ各国に生まれ始めている。2月12日、オランダのハーグにある高等裁判所は、オランダ政府に対し、同国内の倉庫にあるステルス戦闘機F35の部品のイスラエルへの輸出を停止するよう命じた。この訴えは、複数の人権団体が起こしたもので、高等裁判所は「輸出された部品が、国際人道法の重大な違反行為に使われる危険は否定できない」と判断した。オランダ政府は最高裁に上訴するとした上で、高裁命令に従い7日以内の輸出停止に応じる方針を示した。

「グローバルな思考を持つ、グローバルな人間になろう」。昨今の日本では、こうした標語が声高に叫ばれている。もうこの手の話は聞き飽きたという人も多いだろう。私もその一人だ。しかし、私たちは「グローバルな思考」の重要性を繰り返しながら、実際には、アジア唯一のG7メンバーという、ある種の優越感を背景に、G7を最上位に位置づける階層的な世界地図に閉じこもってきたのではないか。中東の視点から欧米を見つめ続けてきた内藤正典先生との議論は、私自身の世界地図の狭さを存分に明らかにし、その地図を大きく広げてくれるかけがえのないものであった。

リベラルが壊れゆく世界の現実にあって、それでもより善き世界を諦めない人たちはたくさんいる。その道は必ずしも具体的に見えているわけではない。しかし、少なくとも向かうべき方向性については、私たちは確信を持っているはずだ。本書が未来のより善き世界への小さなモラル・コンパスとなることがあれば、大変に幸いである。

この緊急出版に惜みない支援を与えてくれた集英社新書編集部の伊藤直樹氏への感謝で本書を締めくくりたい。ガザの人道状況が危機的なものとなる中、一刻も早い状況の打開への願いと、この状況をもたらした根源的な要因を見つめなければ、問題の解決はありえないとの願いから本書は生まれた。この想いを共有し、出版に向けてともに戦ってくれた伊藤氏に、心からの感謝を捧げる。

註

＊1 "'Fear rather than sensitivity': Most U.S. scholars on the Mideast are self-censoring"; *NPR*, December 15, 2023.
https://www.npr.org/2023/12/15/1219434298/israel-hamas-gaza-palestinians-college-campus-free-speech

＊2 "Money from Pro-Israel to US Senators, 1990-2024"; Open Secrets.
https://www.opensecrets.org/industries/summary?cycle=All&ind=Q05&mem=Y&recipdetail=S

＊3 "In major shift, survey finds Israelis prefer Biden to Trump as next US president"; *The Times of Israel*, December 22, 2023.
https://www.timesofisrael.com/in-major-shift-survey-finds-israelis-prefer-biden-to-trump-as-next-us-president/

＊4 "In new poll, Jewish voters express strong support for Biden on Israel"; *NPR*, November 16, 2023.
https://www.npr.org/2023/11/16/1213406754/jewish-voters-biden-israel-hamas-war

＊5 "Mondoweiss: new poll: 25% of U.S. jews think Israel is apartheid state"; *Jewish Electorate*, July 13, 2021.
https://www.jewishelectorateinstitute.org/mondoweiss-new-poll-25-of-u-s-jews-think-israel-is-apart

heid-state/

＊6　HARVARD CAPS HARRIS POLL, December 13-14, 2023.
https://harvardharrispoll.com/wp-content/uploads/2023/12/HHP_Dec23_KeyResults.pdf

＊7　Cross-Tabs: December 2023; "Times/Siena poll of registered voters nationwide"; *The New York Times*, December 19, 2023.
https://www.nytimes.com/interactive/2023/12/19/us/elections/times-siena-poll-registered-voter-crosstabs.html

編集協力／高山リョウ
章扉デザイン・目次作成／ＭＯＴＨＥＲ

内藤正典（ないとう　まさのり）

一九五六年東京都生まれ。同志社大学大学院教授。一橋大学名誉教授。中東研究、欧州の移民社会研究。『限界の現代史』『プロパガンダ戦争』（集英社新書）、『トルコ』（岩波新書）他多数。

三牧聖子（みまき　せいこ）

一九八一年生まれ。同志社大学大学院准教授。米国政治外交史、平和研究。著書に『Z世代のアメリカ』（NHK出版新書）等、共著に『私たちが声を上げるとき』（集英社新書）等がある。

集英社新書一二一一A

自壊する欧米　ガザ危機が問うダブルスタンダード

二〇二四年四月二二日　第一刷発行

著者……内藤正典／三牧聖子

発行者……樋口尚也

発行所……株式会社集英社

東京都千代田区一ツ橋二-五-一〇　郵便番号一〇一-八〇五〇

電話　〇三-三二三〇-六三九一（編集部）

〇三-三二三〇-六〇八〇（読者係）

〇三-三二三〇-六三九三（販売部）書店専用

装幀……原　研哉

印刷所……大日本印刷株式会社　TOPPAN株式会社

製本所……加藤製本株式会社

定価はカバーに表示してあります。

ISBN 978-4-08-721311-9 C0231

Printed in Japan

a pilot of wisdom

集英社新書　好評既刊

政治・経済——A

普天間・辺野古 歪められた二〇年	宮城大蔵 渡辺豪
イランの野望 浮上する「シーア派大国」	鵜塚健
自民党と創価学会	佐高信
世界「最終」戦争論 近代の終焉を超えて	内田樹 姜尚中
日本会議 戦前回帰への情念	山崎雅弘
不平等をめぐる戦争 グローバル税制は可能か？	上村雄彦
中央銀行は持ちこたえられるか	河村小百合
近代天皇論——「神聖」か、「象徴」か	片山杜秀 島薗進
地方議会を再生する	相川俊英
ビッグデータの支配とプライバシー危機	宮下紘
スノーデン 日本への警告	エドワード・スノーデン 青木理 ほか
閉じてゆく帝国と逆説の21世紀経済	水野和夫
新・日米安保論	柳澤協二 伊勢﨑賢治 加藤朗
世界を動かす巨人たち〈経済人編〉	池上彰
アジア辺境論 これが日本の生きる道	内田樹 姜尚中
ナチスの「手口」と緊急事態条項	長谷部恭男 石田勇治
「在日」を生きる ある詩人の闘争史	金時鐘 佐高信
改憲的護憲論	松竹伸幸
決断のとき——トモダチ作戦と涙の基金	小泉純一郎 取材・構成 常井健一
公文書問題 日本の「闇」の核心	瀬畑源
国体論 菊と星条旗	白井聡
広告が憲法を殺す日	本間龍 南部義典
よみがえる戦時体制 治安体制の歴史と現在	荻野富士夫
権力と新聞の大問題	望月衣塑子 マーティン・ファクラー
「改憲」の論点	木村草太 青井未帆 ほか
保守と大東亜戦争	中島岳志
富山は日本のスウェーデン	井手英策
スノーデン 監視大国 日本を語る	エドワード・スノーデン 国谷裕子 ほか
「働き方改革」の嘘	久原穏
国権と民権	佐高信 早野透
限界の現代史	内藤正典
除染と国家 21世紀最悪の公共事業	日野行介
安倍政治 100のファクトチェック	南彰 望月衣塑子

a pilot of wisdom

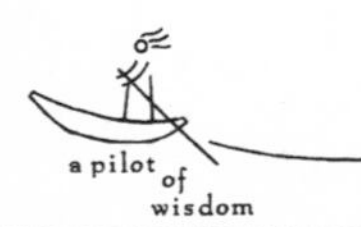
a pilot of wisdom